# Szigeti veszedelem
## Miklós Zrínyi

Szigeti veszedelem
Copyright © Jiahu Books 2013
First Published in Great Britain in 2013 by Jiahu Books – part of
Richardson-Prachai Solutions Ltd, 34 Egerton Gate, Milton Keynes,
MK5 7HH
ISBN: 978-1-909669-57-4
Conditions of sale
All rights reserved. You must not circulate this book in any other
binding or cover and you must impose the same condition on any
acquirer.
A CIP catalogue record for this book is available from the British
Library
Visit us at: jiahubooks.co.uk

| | |
|---|---|
| Az olvasónak | 5 |
| Pars prima | 7 |
| Pars secunda | 22 |
| Pars tertia | 35 |
| Pars quarta | 52 |
| Pars quinta | 67 |
| Pars sexta | 81 |
| Pars septima | 98 |
| Pars octava | 114 |
| Pars nona | 129 |
| Pars decima | 144 |
| Pars undecima | 160 |
| Pars duodecima | 175 |
| Pars decima tertia | 192 |
| Pars decima quarta | 207 |
| Pars decima quinta | 224 |

Dedicálom ezt az munkámat
*magyar nemességnek,
adja Isten, hogy véremet
utolsó csöppig hasznossan
néki dedicálhassam*

## Az olvasónak

Homerus 100 esztendővel az trojai veszedelem után írta historiáját; énnékem is 100 esztendővel az után történt irnom Szigeti veszedelmet. Virgilius 10 esztendeig irta Aeneidost; énnékem penig egy esztendőben, sőt egy télben történt véghez vinnem munkámat. Eggyikhez is nem hasomlitom pennámat, de avval ő előttök kérkedhetem, hogy az én professiom avagy mesterségem nem az poesis, hanem nagyobb s jobb országunk szolgálatjára annál: az kit irtam, mulatságért irtam, semmi jutalmot nem várok érette. Őnekik más gondjok nem volt, nékem ez legutolsó volt. Irtam, az mint tudtam, noha némely helyen jobban is tudtam volna, ha több munkámat nem szántam volna vesztegetni. Vagyon fogyatkozás verseimben, de vagyon mind az holdban, mind az napban, kit mi eclipsisnek hivunk. Ha azt mondják: *saepe et magnus dormitat Homerus,* bizony szégyen nélkül szemlélhetem csorbáimat, igazsággal mondom, hogy soha meg nem corrigáltam munkámat, mert üdőm nem volt hozzá, hanem első szülése elmémnek. És ha ugyan corrigálnám is ugy sem volna *in perfectione, quia nihil perfectum sub Sole, nam nec chorda sonum dat, quem vult manus et mens.* Fabulákkal kevertem az historiát; de ugy tanultam mind Homerustul, mind Virgiliustul, az ki azokat olvasta, megesmerheti eggyiket az másiktul. Török, horvát, deák szókat kevertem verseimben, mert szebbnek is gondoltam ugy, osztán szegény az magyar nyelv: az ki historiát ir, elhiszi szómat. Zrini Miklós kezének tulajdonitottam Szulimán halálát: horvát és olasz conikábul tanultam, az törökök magok is igy beszéllik és vallják. Hogy Istvánfi és Sambucus másképpen irja, oka az, hogy nem ugy nézték az magános való dolgoknak keresését, mint az országos dolognak historia-folyását. Akarmint volt, ott veszett Szulimán császár, az bizonyos. Irtam szerelemrül is, de csendessen; nem tagadhatom, hogy olykor az is nem bántott; osztán nem egyenetlen az szerelem vitézséggel, abbul az versbül tanúltam:

*In galea Martis nidum fecére columbae, Apparet Marti quam sit amica Venus.*

Isten velünk.

GRÓF ZRINI MIKLÓS

## Pars prima
*(A Szigeti veszedelem első éneke)*

**1.**
Én az ki azelőtt iffiu elmével
Játszottam szerelemnek édes versével,
Küszködtem Viola kegyetlenségével:
Mastan immár Másnak hangassabb versével

**2.**
Fegyvert, s vitézt éneklek, török hatalmát
Ki meg merte várni, Szulimán haragját,
Ama nagy Szulimánnak hatalmas karját,
Az kinek Europa rettegte szablyáját.

**3.**
Musa! te, ki nem rothadó zöld laurusbul
Viseled koszorudat, sem gyönge ágbul,
Hanem fényes mennyei szent csillagokbul,
Van kötve koronád holdbol és szép napbul;

**4.**
Te, ki szűz Anya vagy, és szülted Uradat,
Az ki örökkén volt, s imádod fiadat
Ugy, mint Istenedet és nagy monárchádat:
Szentséges királyné! hívom irgalmadat.

**5.**
Adj pennámnak erőt, ugy irhassak mint volt,
Arrol, ki fiad szent nevéjért bátran holt,
Megvetvén világot, kiben sok java volt;
Kiért és szent lelke, ha teste meg is holt.

**6.**
Engedd meg, hogy neve, mely mast is köztünk él,
Bűvöljön jó hire, valahól nap jár-kél,
Lássák pogány ebek: az ki Istentől fél,
Soha meg nem halhat, hanem örökkén él.

**7.**
Az nagy mindenható az földre tekinte,

Egy szembe fordulásbol világot megnézé,
De leginkább magyarokat eszben vette,
Nem járnak az úton, kit Fia rendelte.

8.

Látá az magyarnak állhatatlanságát,
Megvetvén az Istent, hogy imádna bálvánt;
Csak az, eresztené szájára az zablát,
Csak az, engedné meg, tölthetné meg torkát;

9.

Hogy ű szent nevének nincsen tiszteleti,
Ártatlan Fia vérének böcsületi,
Jószágos cselekedetnek nincs keleti,
Sem öreg embernek nincsen tiszteleti;

10.

De sok feslett erkölcs és nehéz káromlás,
Irigység, gyülölség és hamis tanácslás,
Fertelmes fajtalanság és rágalmazás,
Lopás, ember-ölés és örök tobzódás.

11.

Megindúlt ezekért méltán ű haragja,
Azért Mihály archangyalt magához hivá,
És kemény haragjában igy parancsolá,
Ű szentsége előtt archangyal áll vala:

12.

"Nézd ama kemény nyaku és kevély sciták
Jó magyaroktol mely igen elfajzottak,
Szép keresztyén hütöt lábok alá nyomtak,
Gyönyörködnek külömb-külömb vallásoknak.

13.

Maga te tekints meg körösztyén világot,
Nem találsz azok közt, kivel tettem több jót:
Kihoztam Scitiábol mely nékik szük volt,
Az én szent lelkem is ű reájok szállott.

14.
Scitiábol, azt mondom, kihoztam üket,
Miként Egyiptusbul az zsidó népeket,
Hatalmas karommal verém nemzeteket,
Mindenütt rontám, vesztém ellenségeket.

15.
Téjjel-mézzel folyó szép Pannoniában,
Megtelepitém üket Magyarországban,
És meg is áldám minden állapatjában,
Meghallgatám, segitém minden dolgokban;

16.
Sőt vitéz szüvel is megáldottam üket,
Ugy hogy egy jó magyar tizet mást kergetett,
Sohul nem találtak oly nagy ellenséget,
Az ki, mint por szél előtt, el nem kerengett.

17.
Szentséges lölkömet reájok szállattam,
Az körösztyén hütre fiam által hoztam,
Szent királyokkal is megajándékoztam,
Békességet, tisztességet nekik adtam.

18.
De ők ennyi jókért, ah, nehéz mondani!
Ah, háládatlanok, és merték elhadni,
Nem szégyenlik Isteneket elárulni,
Ellenemre minden gonoszban merülni.

19.
Ah, bánom, ennyi jót hogy ü vélek töttem,
Nem-é viperákat keblemben neveltem?
De immár ideje velek esmertetnem:
Én vagyok ama nagy bosszuálló Isten.

20.
Eredj azért, archangyal, szállj le pokolban,
Válassz eggyet az haragos furiákban,
És küldjed el aztot szultán Szulimánban,
Jutassa magyarokra való haragban.

21.
Én pedig töröknek adok oly hatalmat,
Hogy elrontja, veszti az rossz magyarokat,
Mindaddig töri iga kemény nyakokat,
Mig nem esmerik meg: elhagyták urokat.

22.
Kiáltnak én hozzám, s nem hallom meg üket,
Hanem fogom nevetni nehéz ügyöket:
Az ű panaszira nem hajtom fülemet,
Ü nyavalyájokra nem tészem szememet.

23.
Ez mindaddig lészen, míg bosszút nem állok,
Harmad-negyed ízig büntetés lesz rajtok;
És ha idején eszben nem veszik magok,
Örök átkom, haragom lészen ü rajtok.

24.
De ha hozzám térnek, megbánván bünöket,
Halálrol életre ismég hozom üket.
Jaj, török, néked, haragom vesszejének!
Te vagy, de eltörlek, ha ezek megtérnek."

25.
Michael archangyal kezde könyörgeni,
És az igazakért igen esedezni:
"Uram! jámborokat fogod-é rontani?"
És az hamissakért fogod-é megverni?

26.
De az élő Isten kész lőn megfelelni:
"Te akarod-é én tanácsomat tudni,
Vagy elröjtött nagy titkaimat vizsgálni?
Az mellyeket teneked nem lehet tudni.

27.
Ostorom szolgámra nem tiltom, hogy szálljon,
Melynek nem kell törődni semmit halálon,
Akarom, néki könnyebbségére szálljon,
És lelkének hüvösülésére álljon."

28.
Nem felele többet archangyal Istennek,
Hanem sugár szárnyait eresztté égnek,
Röpüle mindaddig, és nem nyugovék meg,
Mig Alectót pokolban nem találá meg.

29.
Száz lánccal van kötve, száz belincs az kezén,
Kigyókbul áll haja, s köteiöznek fején,
Véres mérges tajték foly ki az két szemén,
Dohos kénkűpára jün ki rút gégéjén.

30.
Ily furiát archangyal megszabadita,
És Isten hatalmával neki igy szólla:
"Allecto, az Isten nékem parancsolja,
Hogy tégedet küldjelek Törökországban.

31.
Szultán Szulimánnak szálljad meg az szüvét,
Neveld magyarokra ű haragos mérgét,
Vigye rájok nagy rettenetes fegyverét,
Rontsa uraságát és minden erejét."

32.
Örül az furia, nem késik pokolban,
Röpülését tartja nagy Törökországban,
Éjfélkor érkezék Konstantinápolyban,
Ottan beférkezék Szulimán házában.

33.
S hogy inkább hamarább elhitesse véle
És hogy megrettenést szüvében ne tenne:
Magára nagy Szelimnek formáját vévé;
Szelim Szulimánnak atyja volt míg éle.

34.
"Fiam, te aluszol, igy kezdé beszédét,
S nem vészed eszedben Istennek kegyelmét,
Hogy erőt adott néked és vitézséget,
Jó eszt, jó tanácsot és elég értéket.

35.
Aluszol te mastan, és nem nézsz elődben,
Mely nagy fölyhöt kerenget Károl elődben,
És hogyha idején nem vészed eszedben,
Itt fogsz megnyomatni aluvó helyedben.

36.
Higgyed, higgyed az én megőszült fejemnek,
Hogy ha üdőt nékik adsz, téged elvesztnek
Országostul káurok, hitetlen ebek;
Mert ha egyességek volna, van erejek.

37.
Lesz is, mert alkusznak; de te menj ű rájok,
Ne késsél, és ne hagyj üdőt alkudniok.
Igy rontattatának tűlem mamalukok,
Igy megverém Campsont, s romlának sirusok.

38.
Kelj fel, éles kardot köss az óldalodra,
Indulj meg hadaddal tévölygő magyarra;
Én leszel melletted, és minden dolgodra
Vigyázok hűséggel s minden nyavalyádra.

39.
Bolondság tenéked kazulokra járni,
Sok jó vitézt tenéked oda rontani:
Az mi fátumunk azt nem hagyja romlani,
Isten azon bennünk akar tanitani.

40.
Izmael énnékem sok bosszukat szörze,
De ugyan megtörnöm végig nem lehete;
Hát tenéked Tamma mennyi bosszut teve,
Nagy részét hadadnak ravaszsággal veré:

41.
De az magyarokon mindenkoron nyertünk,
Nem is kell oly messzi nékünk fegyverkeznünk,
Sem annyit költenünk, sem annyit vesztenünk,
Sem győzödelemben nékünk kételkednünk.

42.
Ne félj, hogy segétse senki magyarokat,
Mert jól esmerem én bolond kaurokat,
Míg nem látják égni magok házokat,
Nem segéti senki meg szomszéd házokat.

43.
Ne félj, mert lám, mondom, én lészek melletted,
Az szent Mahomet is vezeti kezedet.
Osztán, édes fiam, az vitéz embernek
Kell valamit engedni az szerencsének."

44.
Igy Szultán Szulimánnak Alecto szóllott,
És az mely mérges kigyót kezében hozott,
Azt a Szulimánnak ágyában bocsátott;
Nem nyugvék az kigyó, mig hozzá nem jutott.

45.
Válláról mellyére, mellyérül szivében,
Valamerre csusz el, mindent hágy méregben;
Gyujtja kemény szüvét s hagyja lángos tüzben,
Haragban hentergeni és kevélységben.

46.
Nagy vigan Alecto eltünék ott mindjárt,
Mert látá, haragra gyujtotta Szulimánt;
Ü penig felugrott: "Fegyvert! fegyvert!" kiált,
Mert szintén eszeveszett Alecto miát.

47.
Kiált az Szulimán: "O te, bátorságra,
Ki engemet inditsz ilyen nagy dolgokra!
Nagyobb vagy embernél, noha embermódra
Láttalak tégedet szólva, tanácsolva.

48.
Készem vagyon Szulimán; elmegyen oda,
Az hová meghagytad, kaurt rak halomban;
Megfestem lovamat keresztény vér-tóban,
Várasokat, várakat röjtök hamuban.

49.
Felkelvén ágyábul, ü megparancsolá,
Hogy minden vezér táborában szállana,
Válogatott néppel, kinek mint hatalma,
Valaki bégséget és timárt tartana.

50.
És hogy Drinápolyban májusnak fogytára
Az egész hadak szállanának táborban.
Futnak az csauzok fejér pattyolatban,
Hirdetik az hadat minden országokban.

51.
Azonban Szulimán üle jó lovára,
S vezéreket magával kihivá dévánra,
Kertektül nem messzi egy széles halomra;
Ottan nekik beszélle ilyen formára:

52.
"Vezérek és basák, ti okos vitézek,
Kiknek eszek után sok birt népet nézek!
Ti vagytok tartói én erősségemnek,
Ti meghóditói pogány kereszténnek.

53.
Im mi állapatunk, látjátok, miben van:
Erős birodalmunk henyélést nem kiván,
Az mit karddal nyertünk, nem tartja meg déván;
Fegyvert s erős vitézt birodalom kiván.

54.
Evvel győztük mi meg keresztény világot,
Az mely inkább kiván fizetni harácsot,
Hogysem vitéz módon reánk vonjon kardot;
Evvel böcsültetjük mi musulmánokat.

55.
Mégis, de nem sokan, kik ellenünk járni,
Vannak, és mernek is fogokat mutatni.
Bolondok! nem tudják, hogy jobb megvallani
Az erőtlenséget, hogysem kárt vallani.

56.
Az magyarok ezek, kik fej nélkül vannak,
Mint törött hajó széltül, ugy hányattatnak,
Miúlta elvévén életét Lajosnak,
Sokan koronáért mast is vonyakodnak.

57.
Igaz, nem tagadom, ha eggyesség volna
Köztök, bizony, nekünk nagy gondokat adna
Az egynéhány magyar, és megcsorbitaná,
Fényös koronánkat talán megrontaná.

58.
De Isten ostora mast szállott reájok,
Fösvénység, gyülölség uralkodik rajtok,
Nincs szeretet köztök, sem okos tanácsok,
Kiért esőben van fényös koronájok.

59.
Szemlátomást látjuk az Isten irgalmát,
Mert minekünk szánta magyar birodalmát,
Mindenkor azután megtaláltuk Tammát,
Rontsuk mast az magyart s az ű birodalmát.

60.
Esküszöm én néktek az élő Istenre,
Mi fényes hódunkra s éles fegyveremre,
Az éjjel Mahumet én atyám képébe
Ezeket mind nékem okossan beszélé.

61.
Az Arszlán vezér is Budárol ir nékem,
Hogy győzödelemben ne légyen kétségem,
Im az levelet is hozom előtökben;
Olvasd hanggal, deák, hadd végyük elménkben."

62.
Itt is török deák föl szóval olvasván:
"Győzhetetlen császár, az te rabod, Arszlán,
Budai fővezér te kegyelmed után,
Ir alázatossan néked fejét hajtván.

63.
Ha tudni akarod kerestyének dolgát,
Azok veszni hagyták magok állapatját;
Károly gyülésekről gyülésekre magát
Hordoztatja, s nagyon forgatja hit dolgát.

64.
Nincs sohul kész hada, s nem is gondolkodik,
Mint bolond, hogy valaha talán kelletik.
Ám Maximilian magyarok közt lakik
Gondviseletlenül, csak észik és iszik.

65.
Az magyarok penig leghenyélőbb népek,
Egyik az másikat gyülölik, mint ebek;
Nincs köztök hadtudó, ha volna is, ezek
Az tisztviselőnek soha nem engednek.

66.
Uram, ha vólt módod valaha az hadban,
Nincsen mast kevesebb illyen állapatban,
Ugy tetszik, hogy immáron Magyarországban
Látok vérpatakot, sok kaurt halomban."

67.
Meghallván vezérek az Arszlán tanácsát,
Főképpen császárnak elszánt akaratját,
Senki tartóztatni nem meré az utját,
Hanem minden vezér javallja szándékát.

68.
Nem sok üdő mulván az nagy Asiából
Sok had érkezék, kik voltak tengeren túl,
Sok számtalan tatár meotisi tótul,
Ezek küldettettek chán Praecopitátul.

69.
Delimán iffiu ezeknek vezérek,
Fia az nagy hámnak s nagy fejedelemnek;
Huszonötezer ez, és mind jó tegzessek,
Sok százezer közül válogatott népek.

70.
Könnyü had, és bátor és gyors, mint az árviz,
Ugy tetszik, kezében mindenik halált visz,
Mert jó lova hátán csak jó fegyverben hisz,
Nincsen tartalékja, sem tüz, sem sebes viz.

71.
Azt mondjálu Delimán, mikor országokat
Járt vólna látásért hires várasokat,
Galatában meglátá az szép Cumillát,
Cumillát az szépet, Szulimán leányát.

72.
Cumilla szép haja megkötözé szüvét
Iffiu Delimánnak, és minden kedvét,
Egy tekéntet vévé el minden erejét
Ugy, hogy nála nélkül nem kivánja éltét.

73.
Akkor haza ment volt, mast szép haddal jütt meg,
Törődvén, szép leányt miként nyerhetné meg.
Véletlenül szegény de csalatkozott meg,
Mert addig elvévé Cumillát Rustán bég.

74.
Mast már nyughatatlan bánattal áll, vagy ül,
Untalan szegénynek szeme keservvel fül,
Mely miát az szüve mint az hideg jég hül,
Éltével halálban bánatja közt merül.

75.
Őrizd, Rustán vezér, jól ettül magadat,
Mert mint dühös farkas, lesi halálodat,
Az vitéz Delimán nem türheti buját,
Kitölti, ha lehet, rajtad bosszuságát.

76.
Az tatárok után öt roppant seregek,
Azt tudnád távulrul, hogy sivó ördögök.
Ezek is Drinápolyban elérkezének,
Sok harcokban forgott vitéz szerecsenek.

77.
Mindenikben vala hat-hat ezer ember,
Mindenik hárommal megverekedni mér,
Lova mint egy madár, maga mint egy tündér,
Mert oly könnyen fordúl, mint esti denevér.

78.
Ezek Kazul basra jártak Szulimánnal,
Ezek Lajost királt megverték csidákkal,
Vitézek mind eggyik, s nem fegyverderékkal
S paizzsal födöznek, sem sürü páncérral.

79.
Ezek előtt mégyen vitéz Amirassen,
Maga is fekete, lova is szerecsen.
Az ű kedves lova Karabul, kényessen
Mellyet ü jártatott had előtt s kevélyen.

80.
Mondják, hogy Karabul nagy Arabiában
Széltül fogantatott egy hires kancában;
Hihető is: szélben, mert nincs sem az lángban
Oly vidámság, gyorsaság, mint vagyon abban.

81.
Amirassen után három fő kapitán,
Eggyik az Olindus, mely okosság után
Ment mind nagyobb tisztre; végre lett kapitán
Negyedik részének az szerecsen hadban.

82.
Siriai király, az okos Menethám
Küldte másodikat, ez volt szép Hamviván,
Szerecsenek közül jütt ez Siriában;
De vala harmadik kegyetlen Demirhám.

83.
Demirhám, az erős, melynél erősb nem volt
Sohul, valamelyre Szulimán parancsolt,
Mert ez gyökerébül nagy tölgyfát kirántott,
Ököllel agyonvert egy nagy elefántot.

84.
Ötödik Alderan, bátyja Demirhámnak,
Volt gondviselője az szerecsen hadnak,
Ez magyarázója volt minden álomnak,
És kifejtője Mahumet irásának.

85.
Ezek után jünnek vitéz mamelukok,
De szerencsétlenek, mert nincs nekik urok.
Szulimánnak nem régen lettek hódulók;
Az nagy s bü Aegyptusban ezek lakosok.

86.
Kayer bég jün vélek, mellyet szégyenére
Mehmet Junnus bassának, tett fővezérré
Az Szulimán császár; mert ű tűle féle,
S ily nagy tisztre szolgáját vinni nem meré.

87.
Ezek húszezren jó lovasok vóltak.
Mert Tommembejtől vitézséget tanúltak;
És noha külömb nemzetekbűl állottak,
De okos vezér alatt eggyessek voltak.

88.
Nem messzi cirkasok, ugyan szomszéd népek
Mamelukoktul, rendelt seregben jünnek;
Ezek de lehetnek ötvenkétezerek,
Mert zincsiek, geták, barstok vannak vélek.

89.
Magok választottak kapitánt magoknak,
Eztet hiják hadverő Aygas bassának,
És bizony nem heában nevezték annak,
Mert ez volt oka sok nemzet romlásának.

90.
Aygas bassa után jünnek zagatárok,
Legbelsőbb Scytiábul való tatárok.
Hiszik az Alkoránt, de zöld pattyolatok
Megesmertetik, kik törökök, tatárok.

91.
Ellepték az földet ezek, mint az hangyák,
Avagy szélös mezőben az sok kalangyák.
Mindenütt villámnak csak nyilak és szablyák,
És mindent rettentnek lobogós kopiák.

92.
Ezek soha oly helyre nem fordultanak,
Az mellyet fegyverrel nem hóditottanak,
De inkább azt mondom, hogy elpusztitottak,
Valamerre ezek világban jártanak.

93.
Sőt, mikor törökre ezek támadtanak,
Csaknem tellyességgel üket elrontották;
De mi bineinkért rajtunk maradtanak,
Istentül ostorért mert űk hagyattanak.

94.
Nám, scita Tamburlan megveré musulmánt,
Elevenen megfogá Bajazitet, nagy chánt.
Akkor is láthattuk az Isten hatalmát;
Csak játékul tartja az emberek dolgát.

95.
Soha az scitákat senki meg nem verte,
Sem ű veszedelmeket soha nem érte;
Mitridates király háborgatni merte,
De, mondd meg énnekem, mit vihete végbe?

96.
Hallották rómaiaknak nagy hatalmát,
Magokon soha nem látták birodalmát;
Nagy Sándor meglátá scita bátorságát,
Midőn véve nehezen meg egy kűsziklát.

97.
Négy táborban ezek járának ékessen,
Mindenikben vala huszezer tegzessen;
Eggyiknek parancsol fekete szerecsen,
Hármának Uldair, Lehel és Turancsen.

98.
Ki számlálhatná meg az tenger örvényét,
Vagy Herciniának számtalan levelét?
Az megszámlálhatná Szulimánnak népét,
Az is irhatná meg roppant seregeket.

99.
Mert valaki hallá: haddal megy Szullimán
Keresztényekre, és megyen sok musulmán:
Mindenik siete haddal császár után,
Mindenik gyönyörködik kaur romlásán.

100.
Mert szép Indus vizén tul török nem lakik,
Sem ü császárjoknak soha nem adózik,
Mégis ide jüve király Atapalik,
Mert látni akarja, keresztény mint romlik.

101.
Jaj! hova ez az nagy fölyhő fog omlani?
Mely világszegletre fog ez leszakadni?
Mely nagy haragját Istennek fogja látni,
Az ki ezt magára jünni fogja látni.

102.
Mint eget az fölyhő, ellepte az földet
Az sok roppant sereg és idegen nemzet.
Még meg nem számláltuk asiai népet,
Sem europai hadakozó sereget.

## Pars secunda
### (második ének)

**1.**
Budai fővezér meghallá Arszlán bég,
Hogy ü tanácsábul megbomlék békeség;
Gondolá, mindenben árt késödelemség,
De leginkább hadi dologban árt restség.

**2.**
Az ü elméje is vala nyughatatlan,
De okosság nelkül, azért állhatatlan,
Ü minden dolgában volt igen oktalan,
Azért is roszuljára minden dolgában.

**3.**
Ura hire nelkül sok hadakat gyüjte,
Mert aval kegyelmét nyerni reménlette,
Hogyha kaurokat miként megverhetné,
Vagy valami küvárat tülök nyerhetne.

**4.**
Nyilván mondja vala: megszállja Palotát,
Senki előtt nem titkolja ü tanácsát,
De kérkedik vala: lerontja bástyáját,
És elvágja vitéz Turi Györgynek nyakát.

**5.**
Azonban dühössen öszvegyüjté hadát,
Valaki köthetett oldalára szablyát;
De mind megbővité az vezér táborát,
Rövid nap számlála tizszer ezer szablyát.

**6.**
Megszállá Palotát vezér ennyi néppel,
Sok ágyuval, elég tüzes mesterséggel,
Időt nem mulatván, sok ágyulövéssel,
More bástyát törni kezdé keménységgel.

**7.**
Szégyenli az Turi, hogy vagyon kűfalban

Sáncolva, akarna lenni táborában;
Mint erős oroszlány nem késik barlangban,
Mikor fekve találják vadászok abban:

8.

Kiugrik haraggal, sok erős dárdát ront,
Vadászt halomban mar, erős hálókat bont,
Valamerre fordul, piros vért sokat ont,
Igy Turi cselekszik, töröktül bántódott.

9.

Jó rendet benn hagyván, maga kétszáz fejjel
Palotábul jün ki, mind hires vitézzel,
Törökre ráüte okos merészséggel,
Sokat bennek levág vitéz keménységgel.

10.

Istrázsát nem talál, mert bizvást alusznak,
Éjfélkor vala ez, s békével hortyognak;
Nem félnek Turitól, és nem is gondolják,
Hogy ily dolgot magyarok megpróbáljanak.

11.

Kurt aga legszélről az vár felől vala,
Bolond merészségből sátorát ott vonyá,
Ü körülötte háromszáz jancsár hála,
Azokra Turi György bátran rárohana.

12.

Csakhamar százötvenöt török elesék,
Mégis alíg Kurt aga álmábul ugrék,
Mert estve vacsorán sok huzamost ivék,
Turi veszedelmére sokat esküvék.

13.

Mezételen karddal kiszökék sátorbol,
Kiált segitséget, mellyet vár Arszlántol,
Kiáltja társait az sátorok alól,
De mind ennek gondja van nagyobb magáról.

14.
Szintén immár lóra ugrani akara,
Hogy Arszlán táborához elszaladhatna:
Ott éré Tót Balázs s az fejét elcsapá,
S az ű szép sátorát az magyar megrablá.

15.
Mély álmában sok jancsár megölettetik,
De nem messzi álombul halálba ugrik,
Soknak teli gégéjéből bor kiomlik,
Mindnyájan részegségnek ott jutalmát veszik.

16.
Az háromszáz közül tizenöt szalada,
Azki Arszlán vezérnek erről hirt ada;
Haragjában ketté ű csaknem szakada,
Gyorsan kétezerrel a' felé szágulda.

17.
Thuri immár Palotában bément vala,
Azért Arszlán vezér ottan nem találá,
De láta sok törökvért ottan omolva,
Holttestet, romlott sátort sokat talála.

18.
Táborában megtére, sokat esküvén,
Mahomet prophetának arra felelvén:
Hogy Turit megnyuzatja mindjárt merevén,
Kurt aga temetésének tisztességén.

19.
Az szép piros hajnal azomban eljöve,
Harmattal s világgal földet ékesité,
Szép gazdagságával mindent örvendite,
Csak tégedet, Arszlán, megkedvetlenite.

20.
Azért nagy ágyukkal gyorsan elrontatá
Az More bástyáját, s földhöz hasonlitá,
Lovára fölugrék, trombitát fujata,
Ostromnak az tábort bástyának inditá.

21.
Mindennap afiumot ü eszik vala,
Hogy keresztény vérre ü kegyetlenb volna,
Már maszlagtol vezér reggel részeg vala,
Ugy hogy nem is tudá, maga mit csinálna.

22.
Száguld az bástyához, az kapitánt szidja,
Esti denevérnek és lopónak híja,
De neki megfelelt Turi György ágyuja,
Mert jó lovát alatta ketté szakasztá.

23.
Ha gyorsan jancsárok el nem kapták volna,
Az másik ágyu is magát lütte volna,
Gyalázattal azért onnan elszalada.
Részegségnek mindenkor az az jutalma.

24.
Az jó hadviselő bor nélkül ellégyen,
Részegitő eszközt most hozzá se végyen,
Ha akarja, jó hirén csorbát ne tégyen,
És hogy ü hada is kárt tüle ne végyen.

25.
De mivel külömböz oktalan állattol,
Ki elválik akartva okosságátol?
Kinek feje teli párával sok bortul,
Nem tudja megválasztani jót az rosztul.

26.
Arszlán részeg vala bortul és maszlagtul,
Kárt és szégyent valla józan kapitántul;
Kurt agát elveszté, magát nyavalyásul
Alíg menthété meg veszedelem alól.

27.
De az ostromon is kétszáz embert veszte,
Mert füstölgő szemmel romlott bástyát nézte,
Mert még bástyán belől két árok födözte
Palotát, kapitány kit akkor vésete.

28.
Két jó pattantyust is elveszte az harcon,
Maga öcsét, Durmist, második ostromon;
Immár tized napja, hogy hever az sáncon,
Minden dolga fordúl csak szántalan káron.

29.
De az Luftis aga igen megijeszté,
Mert keresztény hadat, hogy siet, hirdeté;
Arszlán sátorokat gyorsan fölszedeté,
Félve és rettegve onnan elsiete.

30.
Ez lén vége Palota megszállásának,
Ez lén vége Arszlán vezér haragjának.
Jó hire marada Turi kapitánnak,
Ezután békesége lén Palotának.

31.
Szent Iván havának tizedik napján
Konstantinápolybul megindúlt Szulimán,
Avval az sok haddal vizeket szárasztván,
Nagy hegyeket bontván, várasokat rontván.

32.
Egy fekete szerecsen ló volt alatta,
De képiró falra szebbet nem irhatna;
Nem vélnéd, hogy éri földet száraz lába,
Oly szépen egyeránt s halkan változtatja.

33.
Véres nagy szemei ugyan kidültenek,
Száraz fejecskéjén van helye üstöknek,
Az orra likjain lángos szellők mennek,
Szája tajtékot vér, mint vizi istennek.

34.
Magassan költ nyakán fejét alá hajtja,
Szálos rövid serényét szél hajtogatja,
Széles mellyel elefántot hasomlitja,
Körmmel, száraz innal szarvast meghaladja.

35.
Jámborúl csendeszen császár alatt jára,
De hogyha az ember fogdosni akará,
Mint az sebes sólyom, mikor kél szárnyára,
Vagy ha könnyü evét ugrik fárul fára.

36.
Ülj vala merevén nagy császári nyeregben,
Fejér vékony patyolat vagyon fejében,
Két csoport kócsagtoll alá áll széltében,
Szakálla merő ősz, halvány személyében.

37.
Szép arany hazdia függ alá vállárol,
Az dolmánnya is szintén ollyan kaftánbol,
Kemény misziri kard függ le óldalárol,
Mellyet szultán Musa nyert görög császártol.

38.
Szörnyü méltósággal kétfelé tekinget,
Könnyen esmerhetni, hogy nagy gondja lehet;
Ez viszen nagy szüvében lángot és fegyvert,
Ez keresztény világnak nagy veszedelmet.

39.
Az sok sürü kopja utánna s előtte
Sok földet rettenetességgel befödte;
Azt tudnád, hogy nagy erdő jár körülötte,
Jancsár, mint az hangya, az földet ellepte.

40.
Szántalan sok ágyu, az ki kűfalt tör, ront,
Vonyatik utánna, kivel sereget bont;
Sok tarack pattantyu, ki keresztény vért ont,
Golyóbis, puskapor, mindenféle profont.

41.
Minden ács-szerszámok, nagy erős kötelek,
Deszkák és vasmacskák, kikbül hidat vernek;
Tudós Ali Portu parancsol ezeknek,
Ágyuknak, szekereknek, minden mesternek.

42.

Sok szekszénás lovak ezek után jünnek,
Hosszu nyaku tevék és erős öszvérek,
Bialok, szamárok és ökörszekerek;
Hat elefánt is jün, kiken sok emberek.

43.

Megyen császár előtt messzi két mérfölddel
Hozsa hatvanhárom, pénzt osztnak mind széllel
Minden nyomorultnak, hogy ezek Istennél
Szerezzenek szerencsét könyörgésekkel.

44.

Igazat kell irnom, halljátok meg mastan,
Noha ellenségünk volt szultán Szulimán,
Csak aztot kivészem, hogy hiti volt pogán,
Soha nem volt ily ur törökök közt talán.

45.

De talán nelkük is bátran azt mondhatom,
Pogányok közt soha nem volt ez földháton
Illyen vitéz és bölcs, ki ennyi harcokon
Lett volna győzödelmes, és sok országon.

46.

Vitézség s okosság egyaránt volt benne,
Hadbéli szorgosság nagy szorult ü benne;
Ha kegyetlenség szüvében jelt nem tenne,
Talán keresztyén közt is legnagyobb lenne.

47.

De fiát, Musztafát mikor megöleté,
Akkor felettébb magát megesmérteté,
Sőt, maga nemzetivel meggyülölteté,
Roxa szerelméjért eztet cselekedé.

48.

Szerencse űvéle nem játszott, mint mással:
Ha ijeszteni is akarta csapással,
Vagy had veszésével, vagy más kárvallással,
Mindenkor állandó volt okosságával;

49.
Nem hajlott mint az ág, mint kőszikla állott
Tenger habjai közt, mert magában szállott,
Ha szerencse neki valami jót adott,
Nem bizta el magát, föl nem fuvalkodott.

50.
Ilyen úr s ilyen had jüve országunkra,
S ily ártalmas fölyhő szálla le kárunkra,
Mely nemcsak magyarnak elég romlására
Lett volna; de elég világ rontására.

51.
Kissebb haddal Sándor birá meg világot,
Ugy, hogy mind az négy rész hozott néki adót,
Soha rómajaknak ennyi hadok nem volt,
Mindazáltal űk is megbirák világot.

52.
Szorgalmatos vala Szulimán utában,
Hamar Drinápolybul jöve Fejérvárban,
Még Drinápolbul küldé előjáróban
Petrafot, hogy Gyulát szállná meg utjában.

53.
Petraf nénje fia volt török császárnak,
És nagy beglérbégje az Görögországnak;
Szultántól küldetvén négyezer jancsárnak
Parancsola s huszonötezer kopjának.

54.
Harminckétezer török megszállá Gyulát,
Petraf besáncolá az maga táborát,
Negyven ágyuval kezdé törni bástyáját,
És földre rontani szép fejér kűfalát.

55.
Kerecseni László volt benne kapitán,
De kapitán nevet nagy gyalázatossan
Hordozta, Gyula várát hitre megadván,
Magát is, nemzetünket is meggyalázván.

56.
De vette érdemét rossz emberségének.
Meglátá igazságát Petraf hitinek:
Vitézivel együtt fogságban vetették,
Melyből szabadságokat soha nem érék.

57.
Esztelen, ki hiszen az török hitinek,
Főképpen életét ha bizza töröknek:
Török, megállani szavát, tartja bünnek,
Főképpen hogyha mit igér kereszténnek.

58.
Forgasd föl az egész magyar historiát,
De még az régit is, az görög chronikát:
Meglátod, hogy török ollyat nem fogadhat,
Az kit ű tenéked örömest megáll s tart.

59.
Azonban török császár jünni siete,
Nem tudja, keresztyénnek ártson mely felé.
Sokfelé osztatik bölcs s okos elméje,
Mely várat szálljon meg: Egret, Szigetet-é?

60.
Akkor az nagy nevü Zrini Szigetvárban,
Maximiliantul röndölve kapitán
Volt, Horvátországban és többiben is bán, -
Ez az, kiről szólni fog én historiám.

61.
Ez török erejét nem egyszer próbálta,
És minden harcokban vitézül rontotta.
Egész Törökország jól esmeri vala,
Ez miát volt nékik legnagyobb romlása.

62.
Török táboroknak utólsó romlásra
Elég volt mondani: Zrini vagyon harcban,
Mint fölyhő szél előtt siet forgásában:
Ugy sietett futni török hazájában.

63.
Az Isten üneki adott oly hatalmat,
Ellenség előtte mint fövény, elomlott,
Jól esmerte Isten, hogy hű szolgája volt,
Azért minden ügyében tűle áldatott.

64.
Zrini egy hajnalban, az mint volt szokása,
Valamikor hajnalnak volt hasadása,
Az szent feszület előtt térden áll vala,
S igy kezde könyörögni az ű szent szája:

65.
"Véghetetlen irgalmu szentséges Isten,
Az ki engem segitesz minden ügyemben,
Te vagy énnékem győzhetetlen fegyverem,
Paizsom, kűfalom, minden reménségem.

66.
Hajts le füleidet az magas kék égből,
Halld könyörgésemet kegyelmességedből,
És ne csinálj törvént az én érdememből,
Hanem véghetetlen irgalmas szüvedből,

67.
Nem-é tetüled csináltattam földbül?
Nem nagy bünnel jüttem-é anyám méhébül?
De te irgalmaddal tisztultam meg ebbül,
S minden világi jómat vettem kezedbül.

68.
Uraságot adtál, kivel én megérem,
S vitéz szüvel áldottál, s van böcsületem
Világ előtt; nem érhet az én érdemem
Annyit, mennyi sok jókat tetüled vettem.

69.
Mert az én érdemem nálad annyit tészen,
Mennyi vizet kis fecske szájában veszen
Az megmérhetetlen tengermélység ellen,
Annyi én érdemem te kegyelmed ellen.

70.
Mégis én nyomorult háládatlan vagyok.
Ujabb bünre mindennap sok okot adok.
Uram, költs fel, kérlek, én mikor szunnyadok,
Moss meg szent lelkeddel, mert rút, mocskos vagyok.

71.
Atyáink vétkéről meg ne emlekezzél,
Sőt minden bünökrül, kérlek, feletközzél:
Mert tégedet nem holt, hanem ki mast is él,
Dicsér, és nevedről tisztességet beszél.

72.
Uram, azt is látod, az pogány töröknek,
Miként vásik foga az hitetlen ebnek,
Hogy miként árthasson az keresztyéneknek,
Csak az az szándékok, miként törhessenek.

73.
Ne engedd meg uram (noha érdemlenénk),
Hogy haragod miát földig törettetnénk,
Hogy az te szent nevedet ők megnevetnék,
Mitűlünk, te hol vagy? kevélyen kérdeznék.

74.
Mutasd meg őnékik, hogy te vagy nagy Isten,
Hogy te kivülötted máshon Isten nincsen;
Ki megyen utánnad, nem jár setétségben,
Hanem viszi útad az örök örömben.

75.
Nem néjunk, nem nékünk, Uram, tisztességet,
De szent nevednek adj örök böcsületet.
Minket azért áldj meg, hogy hijuk nevedet
Mi segitségünkre, és bizzunk tebenned.

76.
Uram, te Felségedet arra is kérem:
Látod, immár az vénség majd elér engem,
Immár nem lesz oly erő az én testemben,
Hogy ellenségidet, mint előbb, törhessem:

77.
Vedd hozzád lelkemet, mely téged alig vár,
Miként segitséget hadtol megszállott vár;
Vedd ki én testemből, mellyen vagyon nagy zár.
Ne sülessze bünöktül megnevelt víz-ár."

78.
Igy az Isten előtt Zrini esedezett;
Azért meghallgatá az ő könyörgését.
Háromszor láttatott Zrininek, feszület
Hogy hozzá le hajlott, felelvén ezeket:

79.
"Im az te könyörgésedet meghallgattam,
Az te buzgó szüvedet mind általláttam,
Atyai kedvemben ügyedet fogadtam,
Ne félj, mert nem héában érted megholtam.

80.
Örűlj, én jó szólgám, mert jól kereskedtél,
Mert öt talentomodra még ötöt nyertél,
Világon magadnak koronát kötöttél,
Mellyet aranyassan Atyámhoz viszed fel.

81.
Ottan az angyalok téged készen várnak,
Rendelt seregekben cherubinok állnak,
Téged jobb kezére Atyámnak állatnak,
Veled eggyütt örökkén vigadni fognak.

82.
Hozzám vészem immár az te szép lelkedet,
Magad is kivánod, s igy jobbnak esmerted;
De hogy még fényesebb korona fejedet
Tisztelje, ím néked adok ily kegyelmet:

83.
Martyromságot fogsz pogántul szenvedni,
Mert az én nevemért fogsz bátran meghalni.
Zrini, hallgasd meg most, mit fogok mondani,
Im te jövendőidet fogom számlálni.

84.
Szulimán haddal jün az Magyarországra,
És legelőször is fog jünni váradra,
Lesni, mint éh farkas, fog te halálodra,
Hatalmát, erejét veszti Szigetvárra.

85.
De ő nem fogja te romlásodat látni,
Mert vitéz kezeid miát fog meghalni,
Sok ezer töröknek kell ottan meghalni,
Akkor az te lelked fog hozzám szállani.

86.
De az te fiad, György, támasztja nemedet,
Felserkenti fénnyel tündöklő nevedet,
Mint phoenix hamubul költi nemzetségét:
Ugy okossággal ez megtartja hiredet."

**Pars tertia**
*(Harmadik ének)*

1.
Ur Isten, embernek elméje mint fordul!
Nincs állandó tanács emberokosságbol;
Ha mit elvégez is ő gondolatjából,
Ottan megfordul Isten akaratjábul.

2.
Szulimán Egerre veté gondolatját,
Hogy annak el-kidöntse erős bástyáját,
De hamar az Isten térité tanácsát,
Hamar megforditá Szigetre haragját.

3.
Im megmondom okát az ő haragjának:
Midőn már megparancsolt volna hadának,
Hogy utjokat Egervár felé tartanák,
És viselnék gondját Dunán való hidnak;

4.
Bosznai főbassa Musztafa azonban
Érkezék szép haddal császár táborában;
Hires vitéz vala ez Horvátországban,
Mert erővel bémene Krupa várában.

5.
Megesmeré császár ennek emberségét,
Mindjárt néki adá Arszlán vezérségét,
Meg is hagyá mindjárt, vegye el életét,
Részeges Arszlánnak, mert látá sok vétkét.

6.
Jobb lett volna néked, Arszlán, vesztég lenned,
Urad hire nélkül nem is cselekedned
Semmit, hogysem bolondúl hadat kezdened,
S hamis hirrel uradnak fülét töltened.

7.
De Arszlán nem meré megvárni Musztafát,

Mindjárt Budán hagyá minden partékáját,
És nyomozni kezdé császár nagy táborát,
De ugy is megtalálá maga halálát.

### 8.
Császár Mehmet Gujlirgi bassának adá
Bosznát, hogy siessen oda, parancsolá;
És hogy arra szorgalmatos gondja volna,
Valami kárt keresztyén ott ne csinálna.

### 9.
Kétezer lovassal Mehmet megindula;
Nem sok nap mulva érkezék Siklós alá,
Ottan az szép mezőn táborát szállitá,
Maga szép sátorát ottan felvonyatá.

### 10.
Siklósi Szkender bék hozzá mene gyorsan,
Mehmetnek köszöne, s így szólla okossan:
"Uram, tetszik nékem ez csudálatossan,
Nem veszed eszedben, hon szállottál mostan.

### 11.
Vagy azt tudod-é, légy békeséges helyen,
Ellenség nélkül való szép török földön?
Nem vagyunk immár drinápoli mezőben,
De kaur kardjának kitettetett helyen.

### 12.
Az keresztény várak nem oly messze vannak;
Higgyed, Szigetvárban éh farkasok laknak,
Csaknem éjjel nappal ezt az mezőt járják,
Még az hóstádban is mieink nem laknak.

### 13.
Te jüvetelednek már régen hire van,
Itten szállásod is pór előtt nyilván van,
Mellyet ha meghallott szigeti okos bán,
Fejemet kötöm én, hogy régen lesben van.

14.
Uram, nem maradhat az török miatta,
Ha hova vagyon is némellyiknek utja,
Katona, vagy hajdu azonnal elkapja,
Vagy fejét elviszi, testét itten hagyja.

15.
Higgyed, hostádban is meg nem maradhatunk,
Onnan is lábunknál fogva vonyattatunk,
Még az várban is nem igen bizvást vagyunk,
Annyira félelme miát megkábultunk.

16.
Az szent Mahometért, kérlek uram téged,
Magadat te itten ne szerencséltessed;
Hanem inkább én tanácsomat kövessed,
És az keritésben táborodat vigyed."

17.
Az lovak az hostádban ott kinn lehetnek,
Az vitézek penig várban benn férhetnek.
Kevesebb kár lészen, ha lovak elvesznek,
Hogysem ennyi sok és jó török vitézek.

18.
Külemben, uram, magadnak veszélyt keressz,
De még én fejemre is haragot szerezsz;
Ennek tanácsodnak hire énrajtam lesz,
Azért lásd, mit csinálsz, kérlek, hogy el ne vessz."

19.
Mehmet az keresztényt nem esmeri vala,
Mert ő nevelkedék mindenkor udvarban,
És ő hiszen vala bolond Alkoránban,
Egy török hogy megöl négy keresztént harcban.

20.
Azért az Szkendernek nem sokat hisz vala;
Mosolyogva magában, ily választ ada:
"Köszönöm tanácsodat, Szkender Alboda,
De megbocsásd, táborom helyét nem váltja.

21.
Gyalázatos hirrel Bosznában indulnék,
Ha én itt ez éjjel maradni nem mernék,
És az semmi előtt oly igen rettegnék,
Hogy helyt is magamnak itten ne találnék.

22.
De az lágy fölyhők is engemet biztatnak,
Mert lá, hogy csak immár essőben állanak;
Nem lesz módja ez éjjel kicsin csatának,
Nem hogy lenne járása derekas hadnak.

23.
De az mely Zriniről beszéllesz énnékem,
Még nagy Sztambolban is jött hire fülemben.
Ur Isten, ha nékem lenne oly szerencsém,
Hogy ez mezőn véle megesmerkedhetném!

24.
Mert hallottam az ő nyughatatlanságát,
Kiért az hatalmas császár is haragját,
Reá fordítani akarta szablyáját;
De más okok tartóztatták meg boszuját.

25.
De ő is rákerül valaha az tőrben,
Mint sokat csavargó róka kelepcében.
Én pedig ez éjjel lészek szerencsétlen,
Mert nem látom őtet, s fekszem dicséretlen.

26.
Szkender, ha akarod, ketten eggyütt háljunk,
Meleg kávé mellett agg szót kovácsoljunk,
Osztán mi virattig mind bizvást aluggyunk,
Mert tudom bizonnyal, kaurt mi nem látunk."

27.
Szkender igy felele: "Bátor itt maradok
Éjfélig, uram, körülötted udvarlok,
És azután osztán várban beballagok,
Néked nyugodalmas écakát kivánok."

28.
Igy beszélnek ketten; azonban egy legény
Aranyos bőr-zofrát földre leteritvén,
Két szép bársony vánkost az zofra mellé tén,
Szerecsen tésztával sátort megfüstölvén.

29.
Vánkosokra ketten ottan leülének,
Egymást közt sok dologrol beszélgetének,
Kávét kicsin fincsánbol hörpörgetének,
Osztán az után vacsorát is evének.

30.
De az étel után egy szép török gyermek
Ura hagyásábol az házba belépék,
Szép gyöngyházos tassán kezében tündöklék,
Fejét betekerte gyenge patyolatvég.

31.
Az eggyik válláról szép bársony kaftánnyát
Lebocsátá, kezdé igazgatni kobzát;
Ablak felé üle, öszvehajtván lábát,
Igy kobza szavával nyitá hangos torkát:

32.
"Miért panaszkodjam, szerencse, ellened?
Ha bővited mindennap én örömemet,
Nem szakadsz el tülem, az mint vagyon hired,
Hogy állhatatlanságban van minden kedved.

33.
Kikeletkor áldasz az szép zöld erdővel,
Szerelmes fülemile éneklésével,
Égi madaraknak sok külömbségével,
Viz lassu zugással, széllengedezéssel.

34.
Nem irigyled nékem az én egyesemet.
Inkább hozzá segétsz, szeressen engemet;
Soha el nem vészed az én vig kedvemet,
Neveled óránként gyönyörüségemet.

35.
Adsz nyáron nyugovást és szép csendességet,
Szép ciprus árnyékokat, hüvös szeleket,
Gyönge tűvel varrott szép sátorernyőket,
Szomjuság-megoltó, jó szagos vizeket.

36.
Ősszel sok gyümölccsel, citrommal, turunccsal
Ajándékozsz bőven, szép pomagránáttal;
Erdőn vadat nem hagysz, mert nékem azokkal
Bőven kedveskedel, és jó madarakkal.

37.
De télen, az mikor minden panaszkodik,
Akkor az én szűvem inkább gyönyörködik;
Erős fergetegen szűvem nem aggódik,
Mert szép lángos tüznél testem melegedik.

38.
És vagyon császáromnál nagy tisztességem,
Mindenek között vagyon nagy böcsületem,
El nem fogyhat soha az én sok értékem,
Van jó lovam, éles szablyám, szép szerelmem.

39.
De kötve vagy, szerencse, az én lábomhoz,
Mer elfuttál volna eddig gonoszomhoz,
Ha volnál szabadon; de rám gonoszt nem hozsz.
Mert kötve vagy, szerencse, az én lábomhoz,"

40.
Igy szólla a gyermek. De nagy szigeti bán
Mehmet jüvetelét póroktol meghallván,
Nem kérkedik világgal; más gondokban van,
Jó vitézeket mindjárt öszvehivatván.

41.
Nyolcszáz lovast válogat, ezer gyalogot;
Ezekkel, gondolja, visz végben nagy dolgot.
Jó vitéz lovára maga is fölugrott,
Maga szép szólgáihoz osztán igy szóllott:

42.
"Vitézek, nem szükség néktek sokat szóljak,
És hogy én tinéktek bátorságot adjak;
Mindenitek ollyan, egy országos hadnak
Tudna parancsolni, s szüvet adni másnak.

43.
Emlekezzetek meg sok vitézségtekről,
Nagy erős próbátokról, szép hiretekről;
Cselekedjék minden most is oly serényül,
Az mint eddig cselekedtetek vitézül.

44.
"Ahon az pogány nép, ül bizvást Siklósnál,
Boszna felé indult huszonhat zászlóval,
Nem fél keresztyéntül; beszélli fölszóval,
Hogy siklósi mezőn mi szégyenünkre hál.

45.
Azért én vitézim, minden szót fogadjon,
Senkit az nagy bátorság el ne ragadjon,
Minden hadnagyától és éntőlem várjon,
Hogy talán közünkben zurzavart ne hozzon.

46.
És noha Mehmetnek van tudatlan népe,
És véres kardot nem látott bassa szeme,
De mi ugy gondoljuk, mintha legjobb lenne,
Minket bizodalom mert rajta vesztene.

47.
No már, én jó szolgáim, bátran induljunk,
Urunk JÉZUS nevét háromszor kiáltsuk,
Az pogány ebektül mi semmit ne tartsunk.
Mert Isten mi vezérünk s kemény paizsunk."

48.
Igy indulának el körösztény vitézek
Eggyütt Zrini gróffal, szép zászlós seregek;
Délután az óra már ütött kettőt meg,
Lobognak az zászlók, fénlenek fegyverek.

49.
De Siklósig ez éjjel nem mehetnének,
Hajnalhasadásban nem messzi érének:
Ahón az törökök táborban hevernek,
De menni akarnak, mert immár nyergelnek.

50.
Egy mély és hosszu vőlgy fekszik tábor mellett,
Csaknem az vár éri eggyik szélső végét,
Az másik peniglen arra, merre Sziget,
Fekszik, és tart éppen egy fertály mérföldet.

51.
Szigeti kapitány minden hadaival
Az vőlgyen felmene okos rendtartással;
Az vigyázó hallik bástyárol, mint szóllal,
De az keresztyének vannak hallgatással.

52.
Vőlgynek másik részén száz lovas maradott:
Ezek, mihent derékassan megvirradott,
Csendeszen ballagván mutatták magokat,
Török tábora felé tarták útokat.

53.
Jól megláták őket az török seregek,
De azt vélik vala, hogy pécsi vitézek,
És hogy az bassához késérőül jönnek,
Azért ők ezektül semmit nem félének.

54.
De gyorsan szüvökből az kétség kiesék,
Mert kard miát ottan sok török leesék.
Sokat ez kicsin csoport ottan nem késék,
Ők visszaszáguldva nyomra sietének.

55.
Rikoltás, kiáltás esék az táborban,
Azt tudnád, ördögök ugatnak pokolban,
Felrözzent az bassa, nem késik sátorban,
Jó lovára ugrék fegyveres páncérban.

56.
"Ihon már, vitézek (igy szól törököknek),
Kit ohajtva vártunk, ezeknek ebeknek
Vérekben megfesthetjük vitéz kezünket,
Ihon már az üdő, legyetek emberek.

57.
Hiszem tolvaj kurvák mit csináltak rajtunk,
Ide mertek jönni, hon az mi dondárunk,
Majdan jutalmokat érdemre megadjuk,
Csak gyorsan utánnok lovakon szágodjunk."

58.
Ezeket megmondván, maga kirobbana,
Kezében pörögvén egy szép tollas csida;
Utánna az dondár, futhat kinek lova;
Csak az bassa fia nem igen szágulda.

59.
Ötszáz lovast tartott magánál meg Rézmán,
Ez volt neve fiának, s jára lassabban;
Volt okossabb is ez, noha ifiantan
Kelle veszni szegénnek más bolondságán.

60.
Meddig Mehmet azokat héában üzé,
Addig vitéz Zrini az lesbül kijöve,
És bassa táboráig bizvást elmene,
Mert senki nem állhatott ottan ellene.

61.
Vitézeket mind eggyütt csoportban tartá,
Török táboron kapdosni nem bocsátá,
Lassan török után renddel ballagtata,
Siklóstul, tábortul őket kiszoritá.

62.
Rézmán eszbevette keresztény dondárát,
Ott átkozni kezdé atyja bolondságát;
Zrinire emberül térité zászlóját,
Atyjának izené nehéz állapatját.

63.
Legelsőben Rézmán Frank Andrást lovárol
Csidával leveré, s kirántá torkábul;
Lelke kiment előbb ő meleg testébül,
Hogysem maga földre esett lágy nyergébül.

64.
Csillag György zászlóval mellette áll vala,
Rézmán nagy csidájához erőssen csapa,
Kemény somfa csidát által nem vághatá,
Magátol is az csapást nem taszithatá.

65.
Györgynek mellyén páncér, de az sem tarthatá,
Mert erős Rézmán szüvén általtaszitá,
Dárdájával eggyütt életét kirántá,
Esék le zászlóstul Csillag György hanyattá.

66.
Csakhamar Solymosit azután leveré,
Tholnai Dömötört szablyával megölé;
Vitéz Sárkány Györgynek ottan fejét vévé,
Ifiu Jurcsicsnak életét elvévé.

67.
Rézmán igy viselé magát szablyájával;
De Farkasics Péter erős pallosával
Nem cselekedik kevesebbet Rézmánnál,
Mert miatta meghal aga Mehmet Butal;

68.
Juszup oda-bassát az földre terité,
Kurtot egy csapással az földre leveré;
Te is ártatlanul megholtál mellette,
Jazichi Ahmet, mert kemény seb levete.

69.
Iszonyu vérontást nem számlálhatom meg,
Kit ketten mivelnek, Farkasics, Rézmán bék,
Mint az eleven tüz, valamerre mennek,
Mindenütt holttestek halomban hevernek.

70.
Mindennek vagyon már szemén ellensége,
Török és keresztény öszve van keverve,
Halók jajgatása, élők serénysége
Nagy porral kevereg eggyütt magas égbe.

71.
Messziről meglátá horvátországi bán,
Mint bánik népével megdühödött Rézmán.
Lovát sarkantyuval megínditá bátran,
Azhon immár népe csaknem futásban van.

72.
Igy mond: "Hová futtok, ti vitéz emberek?
Nézzétek, kicsodák, kik tikteket üznek.
Tehát ennyi keresztényt egy török gyermek
Megfutamtat mezőben?"[11]

73.
Siklós várában-é ti akartok futni?
Itt akarjátok-é uratokat hadni?
De az ki engemet fog bátran követni,
Neki győzedelmet majd fogok mutatni."

74.
Igy szólla s nem többet; Rézmánra szágulda,
Annak ismeg kezében van kemény dárda.
Mikor az jó Zrinihez közellyebb juta,
Nagy erővel, merészséggel reá hajtá.

75.
Kemény vasas paizs az hajtást megtartá,
De az vasa paizst ugyan átaljára,
De belől páncéron által nem járhata;
Zrini éles pallossal Rézmánra csapa.

76.
Meg nem tartá aztot az acélos páncér,
Kiomlék Rézmának vállábul piros vér;
Mindazáltal az vitéz török meg nem tér,
Hanem karddal ismég Zrinihez csapni mér.

77.
Azonban Mehmet is messziről érkezék,
Látja, miben vagyon az fia, Rézmán bék;
Hogyha nem érkezik hamar az segitség,
Ezennel egy fia éltének lészen vég.

78.
Mint magas hegyekből leszállott kűszikla,
Kinek sohun nem lehet nagy tartalékja,
Nagy sebességgel dül, s álló fákat rontja,
Bont, tör, merre gördül és semmi sem tartja:

79.
Ugy Mehmet, fiának látván veszedelmét,
Valakit hon talál, elvészi életét;
Öl, vág, ront és szaggat, az ki menetelét,
Tartóztatni akarja ő sietését.

80.
De mikor oda jün, fiát halva látja;
Gondold meg, szüvének vagyon-é bánatja?
Mint az fene tigris kölkét halni látja,
Hálóját vadásznak s magát is szaggatja.

81.
Igy mond jó Zrininek: "Avagy te engemet
Fiam mellé tészesz s elviszed fejemet,
Avagy és ezentül kiontom véredet,
S elevenen megrágom kemény szüvedet."

82.
Eggyütt illen szókkal az nagy grófhoz csapa,
Mellyért kemény sisakja ketté szakada,
És ha basa kardja meg nem fordul vala,
Az lett volna Zrininek végső órája.

83.
Az Isten angyala az csapást megtartá,
Az Mehmet kezében szablyát megforditá,
Gyorsan az kölcsönért kölcsönt megforditá,
Mert kardjával eggyütt jobb kezét elcsapá.

84.
Lovastul kemény földre Mehmet leesék,
Vitéz Zrini utánna gyorsan leugrék:
"Mehmet! roszul torlod meg fiad veszését,
Ezentől késérni fogod fiad lelkét!

85.
De ne félj, meg nem halsz nagy dicséret nélkül,
Mert lá, megölettetel Zrini kezétűl."
Igy mondván kibocsátá lelkét testébül,
Mert elválék feje kegyetlen mellyétül.

86.
Mehmet basa halálán megijedének
Az egész seregbéli török vitézek,
Már zászlóstul eggyütt futni készülének,
Mikor őket megtartá pécsi olaj-bék.

87.
Törököknek hangos torokkal így szólla:
"Elveszett ama jó vitéz Mehmet bassa,
Mi penig szaladunk? ez lesz megtorlása
Ő vitéz vérének, serege futása?

88.
Mely világ szegletin ti akartok élni,
Micsodás emberek eleiben menni,
Holt uratok mellől ha fogtok szaladni,
És testét fiával akarjátok hadni?

89.
Ah, ne lásson az ég soha illyen dolgot,
Hogy illyen kár után török adjon hátat!
De ti futástokban is nem látok hasznot,
Hanem hogy vérünkkel fessük kaur kardot.

90.
Egy reménsége van meggyőzetetteknek,
Hogy semmi győzödelmet ne reménljenek.
Nem jobb-é tisztességgel halni embernek,
Hogysem szemén élni szégyennel mindennek?

91.
Én, én, ha az ti győzhetetlen szüvetek
Annyit mér, az mennyit mivelhet kezetek,
Én lészek dicséretre vivő vezértek,
Avagy megmaradandó hirrel halok meg."

92.
Igy mondván ragadá erős kemény dárdát,
Letaszitá lórul halva Marko Szilát,
Azután Tót Bencét és egy gyalog vajdát,
Cserei Pálnak is megsérté az vállát.

93.
Nem tarthatja magát lovon Cserei Pál,
Akaratja nelkül az kemény földre száll,
Ibraim olaj-bég már feje fölött áll,
Könyörgeni kezde sebes Cserei Pál:

94.
"Vitéz ember, ne bánts, mert jó rabod vagyok,
Elég ezüst arany pénzt magamért adok;
Én Zrini Miklósnak fő embere vagyok,
Nem sokáig vasat tenálad viselek."

95.
Kegyetlenül Ibrahim megmosolyodék;
Monda: "Nem gyönyörködöm az te pénzednek,
Hadd otthon fiaidnak és gyermekeidnek,
Anélkül nem szükös tárházam, ha élek.

96.
Tülem kegyelmet kérsz, Zrini elrontotta,
Mert kérését Rézmánnak meg nem hallotta,
Az vitéz bassát is az földön levágta,
Azért Zrini öl meg téged, ravasz róka."

97.
Pál végső óráján igen megbusula,
Kegyetlen olaj-bégnek földrül igy szólla:
"Ám legyen ez nékem legutólsó óra,
De te életed életemnek lesz árra.

98.
Nem sokáig kérkedni fogsz halálommal,
Nem messzi vár téged is kegyetlen halál;
Egy erős kéz miát lelked pokolban száll,
Engem penig menyország vár kivánsággal."

99.
Nevet kegyetlen vég, akkor hozzá vága,
Mikor Pál még többet is szólni akara,
Az éles szablyával gégéjét elcsapá,
Életét és szavát egyszersmind szakasztá.

100.
Eggyütt az csapással eztet mondja vala:
"Az én jövendőmet csak jó Isten tudja.
Halj meg te azonban, s mondjad menyországban,
Ibrahim olaj-bég hogy mégyen pokolban."

101.
Másfelől Farkasics, mint sivó oroszlány,
Pogány török testet magas halomban hány.
Megholt őmiatta Durlik aga, Rézmán,
Bassa kihája is fekszik földet rágván.

102.
Adatik őnéki tágos és széles út,
Mert minden előtte, az merre lehet, fút,
Nem külömben, mikor kilövik, az álgyút,
Csinál széles nyilást, az mig helyére jút.

103.
Csak te magad nem futsz, nagy óriás Rahmat,
Farkasicsra bátran hozod nagy botodat;
Régen Rahmat elhagyta az maga lovát,
Gyalog, mint egy torony, hordozza nagy botját.

104.
Heában, Farkasics, megvárnod ezt karddal,
Nem árthatsz őnéki kemény pallosoddal;
És hogyha el nem ejted eztet puskáddal,
Vagy maga terhével lever, vagy nagy bottal.

105.
Ottan legelőször puskához ragada,
Az vitéz Farkasics Rahmatra iránza;
Nem ijede Rahmat, de nagy bátran monda;
"Félénk eb, messziről látni akarsz halva.
106.
Bár pattanyust oltalmadra hozz magadnak,
Nem árthatsz te avval ennek az Rahmatnak;
Bár tüzzel állj ellen én buzogányomnak,
De étke léssz ebeknek és az hollóknak."
107.
Ottan az Farkasics nagy mellyében löve,
De magas óriás evvel le nem düle;
Bottal Farkasicsnak az fejét megüté,
Félholton lova mellé földre terité.
108.
Magát is Farkasicsra esni bocsátá,
Mert seb miát lábon tovább nem állhata;
Átkozódván magábul lelkét bocsátá,
Mely testét éltében oly kevélyen tartá.
109.
Nincs már tartalékja Zrini seregének,
Mert futnak előtte az török vitézek;
De ihon jün gyalog kegyetlen olaj-bég,
Nem akar elfutni, de akar halni még.
110.
Sisaknak csak az fele vagyon fejében,
A többi mind eltörött sok ütközetben,
Szablája eltörött, csak fele kezében,
Maga lustos porban és keresztény vérben.
111.
Száz lik van paizsán, száz kopjadarabok,
Most már környülvették az egész gyalogok
De mint küsziklának nem ártanak habok,
Ugy semmit nem tehetnek bégnek gyalogok.

112.
De mihent Zrini Miklós eztet meglátá,
Lovon gyorsasággal oda szágultata,
Vitéz olaj-béget bántani nem adta,
Mert nagy vitézségét maga is csudálta.

113.
Igy szólla Zrini: "Adde meg, vitéz, magadat,
Eléggé mutattad már vitéz voltodat,
Kiért nem kivánom én is halálodat;
Vagyok Zrini, ne szégyenld megadásodat."

114.
Ottan karddarabját az bég elhajitá,
Zrini nevére szüvét mert meglágyitá.
Az jó grófnak térdéhez ily szóval futa:
"Uram, te nevedre bég magát megadta.

115.
Higgyed, hogy senkinek én másnak magamat
Meg nem adtam volna, mig birnám karomat,
Mert vitéz olaj-bégnek mondom magamat,
Én szép Pécsen tartom mostan lakásomat."

116.
Ezután az nagy bán trombitát fujata,
Maga szép seregét mind öszvehivatá,
Mert az szép nap is már lovait elhajtá,
Oceanum tengerben mert beusztata.

117.
Bassa táborában magáét szállitá,
Szorgos istrázsáit körüle jártatá,
Ott hált azon éjjel. Mi volt másodnapra,
Azt bizom negyedik rész historiámra.

**Pars quarta**
*(Negyedik ének)*

1.
Fut, fárad az ember és kap ez világon,
Véli, hogy állandó boldogságot adjon;
Nem hiszi, tövébül szerencse szakadjon
Markában, s kis édesért száz ürmet adjon.

2.
Kit gyakran szerencsétlenség messzi kerül,
Valaha őrá is nagy usurával dül;
Mentül nagyobb hegyen forgó szerencse ül,
Annál nagyobb kárral és sebességgel dül.

3.
Örül az szerencse ember esésében,
Azért ő elveszi, teszi csaknem égben,
Hogy gyönyörködhessék nagyobb esésében,
Mint juhász kűsziklán kűnek görgésében.

4.
Én tinéktek példát messziről nem adok,
Noha mennyi hajam van, annyit adhatok:
Mehmet bassa esetét jól hallottátok,
Ült magassan s bizott, de lá, lehanyatlott.

5.
Boldog, az ki jóban el nem bizza magát,
De kész szüvel várja szerencse forgását;
Mind jón, mind gonoszon álhatatlanságát,
Látjuk szerencsének sokféle játékját.

6.
Ihon most Zrininek jó szerencséje van,
De még őrajta is ennek hatalma van,
Ma az törökökön nagy győzedelme van,
Holnap vitéz fejét meglátjuk karófán.

7.
Örülsz, Zrini Miklós, törököt megveréd,

Nem sokáig talán nagy árron megvennéd,
Hogy ne láttad volna az bassát, Mehmetet,
Mert halált és romlást csak ez hoz tenéked.

8.

De nékem nem szabad illyeneket szólnom,
Mert az ő szent lelke Istennél van, tudom;
Hogy Szigetvárában meghal, tudta, tudom;
Azért el nem bizta magát, én gondolom.

9.

Mert állhatatlan szerencse ajándékját
Nem más szüvel vette, mint egy piros almát,
Az kit bánat nélkül mindjárt visszaadhat,
Avagy ha nem ád is, tudja, hogy megrothad.

10.

De talán historiánkbul mi kiléptünk,
És Sziget veszéséről elfeletköztünk.
Ugy tetszik, terhünket avval könnyebbétjük,
Ha arrul szólhatunk, kiben van sok részünk.

11.

Szerencse énvelem is gyakorta mulat.
Mind édesset, keserüt egyeránt mutat.
Mulasson bár velem, annyit nem tréfálhat,
Hogy jól ne esmérjem állhatatlan voltát.

12.

Azonban az szép nap ő szép harmatjával
Vidámétá világot ékes voltával;
Az éjelt elüzé szép pirosságával,
Mindennek fényt ada sok különb látattal.

13.

Sok hangas trombita akkor megrivada,
Sok haragszavu dob tombolva robbana;
Kiki immár fölült, jó vitéz, lovára,
Az gyalog rendben áll vitézek módjára.

14.
Fölült már Zrini is, áll az sereg előtt,
Sisakján szép strucctoll vér haragos szellőt,
Mellyét födözi vas, és ád néki erőt,
Kezében nagy dárda, s igy szól sereg előtt:

15.
"Kit vártunk Istentül, és szübül kivántunk,
Ihon, jó vitézek, most megadta látnunk;
Ihon ellenségünkön jár az mi lábunk,
Látjátok, Istennek irgalma van rajtunk.

16.
Vegyünk ezt őtüle nagy háládó szüvel,
Szolgáljunk is őnéki minden erőnkkel;
Most az mit cselekednünk hagyott ezekkel,
Megengedi talán nagyobb ellenséggel.

17.
Mi holt társainkat is itten ne hagyjuk,
De érdemek szerint mi temetést adjunk,
Mert ez lesz nekik utolsó ajándékunk:
Ilyen jótétünkért Istentül áldatunk."

18.
Cserei Pál testét ottan lóra tévék,
Osztán az többit is földrül mind felvévék.
Két huszan voltanak megholt vitéz testek,
Ezeket fölvévék keresztény vitézek.

19.
Vitéz Farkasicsot tévék lecticában,
Mert meg nem holt vala iszonyu csapásban,
De ő csak alig élt, mert feje csontjában
Nincs talán egy is, ki volna ép voltában.

20.
Az seregek között ezek hordoztatnak.
Rokoni s társai körülöttük vannak,
Szép vitéz szókkal sebeseket biztatják,
Kötözik sebeit, szánják és ohajtják.

21.
De mind ezek előtt megyen kétszáz lovas,
Mindenik fegyveres, és mindenik tollas,
Fénlik mindeniknél páncér, sisak s karvas,
Mindeniknek hátán egy haragos farkas,

22.
Nem volt egyiknek is kopjája az harcon,
Mert inkább hordozott karabint oldalon;
Most kopját kezében tart, és kopjavason
Mindeniken török fej ráütve vagyon.

23.
Kétszáz gyalog osztán ezeket követi;
Minden maga rabját mellette vezeti,
Van kecse mindenen, deli tekinteti,
Vélnéd, lába földet hogy nem is illeti.

24.
Hat török agának hat lovas az fejét
Hordozván nagy kopján, gyalog után léptet,
Ezek után viszik az Rézmán fegyverét,
Bassa kihájáét és Mehmet bassáét.

25.
Három párducbürös hadnagy megy azután,
Azt az három fejet viszik magas kopján.
Jün pécsi olaj-bék maga ezek után;
Látod, hogy haraggal ül most is ló hátán.

26.
Osztán tizenhárom török zászló mégyen,
Eztet tizenhárom viszi gyalog legény,
Osztán az dondár is jün rendelt seregben;
Lobognak az zászlók, vannak nagy örömben.

27.
Husz nagy nyaku teve megyen sereg után,
Az basa sátorát hordozzák az hátán.
Van negyven öszvér is, és bial két hatvan;
Ez mind nyereség volt az siklósi pusztán.

28.
Mikor Szigetvárhoz közel érkezének,
Akkor mind megállnak az rendelt seregek,
Együtt hálát adván az élő Istennek,
Háromszor szent nevét hanggal kiálták meg.

29.
Zrini vitéz lovárul ottan leszálla,
Az fő hadnagyokkal szentházban ballaga,
Ott az nagy Istennek sok hálákat ada,
Mert eztet Istennek ő tulajdonitá.

30.
Az szentegyház előtt gyalog puska ropog,
Az bástyán sok ágyu iszonyuan durrog,
Füst, kiáltás eggyütt magas égben forog;
Talán az égben is hallják ezt angyalok.

31.
Az szentegyház előtt egy déván szőnyegre
Az vitéz holttestek renddel vannak téve;
Meglátá jó Zrini, az mikor kijüve,
Igy szólla őnékik ő keserült szüve:

32.
"Micsodás áldással dicsérjelek tiktek,
O, keresztény módra megholt vitéz testek?
Mi édes hazánkért elfogyott éltetek,
Minket dicsősitett ti vitéz véretek.

33.
Szűbűl kivánhatom, köztetek fekünném,
Ti szerencséteket hogy ne irigyleném,
Mert ültök Istennek ti mostan jobb kezén;
Légyen hát veletek Isten mind örökkén.

34.
Talán az az Isten, kinél vigadtok mast,
Hosszabb útat hagyott nékem, és próbálást;
Hiszem, nem sokáig ez testem, unalmast,
Itt hagyom, s meglátjuk menyországban egymást.

35.
Igy jó Zrini holt szolgáitul bucsuzék,
Hadnagyival együtt az várban bélépék;
Ottan eleiben fia, György viteték,
Melynek az atyjátul ily szép szó adaték:

36.
"Tanulj, fiam, tűlem isteni félelmet,
Tanulj fáradságot s kemény vitézséget;
Mert kell tenéked is követned engemet,
Sokat járnod s fáradnod, veritékezned."

37.
Azonban nagy asztalok megvettetének,
Zrini gróffal vitézek ott leülének,
Vitéz olaj-béget is abbul böcsüllének:[2]

38.
Zrini vitézeket mint jó szüvel tartja,
Kire köszön jó bort aranyas kupába,
Dicsérvén, viselte hogy jól magát harcban;
Kit szóval apolgat megajándékozván.

39.
De mihent jó bor fejeket melegété,
Kiki gondolatját mindent félre tévé,
Némely horvát dávorit nagy torkkal kezdé,
Némely hajdu táncot fegyverrel szökdöse.

40.
Ki dicséri lovát, ki erős fegyverét,
Ki társát, ki magát, ki nyert nyereségét,
Mindnyájan peniglen urok vitézségét
Fönszóval kiáltják és dicsérik őtet.

41.
Csak maga olaj-bék szomoru szüvel ül,
Bánatos gondokban feje csaknem őszül;
Sok vitéz szók között csak az ő szüve hül,
Néha nagy bánatjában csak el nem merül.

42.
Ily nagy szomoruságát Zrini hogy látá,
Vitéz Ibraimot ily szóval szóllétá:
"Lágyits meg bánatod, vitéz, ne bánkódjál,
Mostan te mivelünk bátran egyél, igyál.

43.
Az mely Isten téged most rabságra adott,
Módot szabadulásodban magánál hagyott;
Nincsen szomoruságodra néked okod,
Hogy most az szerencse veled igy mulatott.

44.
Mindent cselekedtél, ki tüled lehetett,
Isten akaratját mássá nem tehetted.
Nem ugy mint rabomat tartlak én tégedet,
De mint magátul jütt vitéz vendégemet."

45.
Felel bék Zrininek, s szemében bátran néz:
"O, nagy hirü, nagyobb vitézségü vitéz,
Mely meggyőzettettekre kegyelemmel nézsz,
Örülök, ide hozott szerencse-szélvész.

46.
Miért szégyenleném nálad rabságomat,
Ha te röszketteted török birodalmat?
Ha te megcsorbitod mi fényes hódunkat?
Azoknak legnagyobb része vagyok én hát?

47.
Vitézségemmel is soha nem kérkedem,
Mert egyedül vitéz mindenható Isten.
Csak alázatossan Nagyságodat kérem,
Hogy illyen raboddal jó kegyelmet tégyen.

48.
Hat mázsa ezüstet váltságomért adok;
Urnak való lovat néked hatot hozok;
Vedd tülem jó nevem, kit jó szüvel adok,
Értékemet ennél mert többet nem tudok."

49.
"Nem kell nékem pénzed (igy felelt Zrini bán),
Aranyam, ezüstem mert énnékem több van,
Hanem törökök közt egy vitéz szolgám van,
Annak szabadulását én szüvem kiván.

50.
Az szolgámat hiják Radován vajdának,
Vitézségen kivül semmie nincs annak,
Higgyed, de hallottam, és az ő sarcának
Nem tesz száma annyit, mint ajánlásodnak.

51.
Eztet szabadéts meg, osztán mentté tészlek."
Itten megcsókolá bék kezét Zrininek,
Mert engedett az ur méltó kérésének,
Érte rabok mindnyájan lének kezessek.

52.
Azonban az gyors hir szárnyára felkele,
Sebessebben szélnél s madárnál röpüle;
Hir, melynél nincs gonoszb, s mely hamarébb nőne,
Az mely futásban nagyobb erőt venne.

53.
Valamerre mégyen, az basa veszését,
Ezer trombitával hirdeti elvesztét;
Nem nyugovék, mig nem tölté császár fülét,
Ama nagy császárét, szultán Szulimánét.

54.
Szokása szerint is hamissan hirdeté,
Hogy török várakat török mind elveszté,
És hogy Gujlirgi bassát Zrini megverte,
Harcrol egy sem szaladott, mind megölette.

55.
Császár ily rosz hirben igen megütközött,
Mert hallván ezeket ugyan felejtközött;
De tétteti magát, hogy ő nem félemlett,
És az bassák előtt mutat bátor szüvet.

56.
Nem hiszi bassának derekas veszését,
Itélvén Mehmetnek mondhatatlan eszét;
De hamar kiveté szüvébül kétségét,
Mert sebes Iszlán hozá bizonyos hirét.

57.
Harcrol csak aliglan Siklóstul szaladott,
Hozott magával is derék bizonyságot,
Mert hegyes kopjavas hátában maradott,
Fején két seb; Iszlán császárnak igy szóllott:

58.
"Uram, ki Oceanum tenger vizével
Határoztatod nevedet s az egekkel,
Kivánnám, hogy hozzád jühetnék jobb hirrel,
Hogysem az kit kell hoznom kételenséggel.

59.
Tajeléri Mehmet, az te vitéz basád
Akarván próbálni üdőtlenül próbát,
Siklósnál megszállitotta volt táborát,
Elveszté azt, vitéz fiát is, és magát.

60.
Az Zrini kardja ezt mind megemésztette,
Nem vélem, közülünk sok elkerülhette;
De végvárakban is oly ijedést vete,
Csaknem pusztán vagyon némely körülette.

61.
Én magam csak alig és futva szaladtam
Bizonnyal az bassát s fiát halva láttam
Pécsi olaj-béget kaur kézben hattam,
Mindent megemésztett az kaur kard, uram."

62.
Császár öszvehivá mindjárt vezéreket,
Mihent bizonyossan érte ily hireket;
Mond nekik: "Mi máshun nézünk ellenséget,
Addig az horvát bán, nézd, miként ront minket

63.
Mindnyájan csufságra bizony méltók volnánk
Ha ezt mi Zrininek mostan elhallgatnánk,
Most kezünkben vagyon mi büntető pálcánk,
Hagyjunk békét ártatlan Egervárának.

64.
O, mely nagy büntetést fogok rajtad venni!
Miképpen fogtok véretekkel fizetni!
Te legelőször, vakmerő horvát Zrini
Fejeddel Tajelérit fogod fizetni.

65.
Azért, én bassáim, mindjárt az hadakat
Visszahivassátok, az kik sebes Dunát
Én parancsolatombol általusztatták,
Mindjárt vissza zászlókat hozzám forditsák."

66.
Szokolovics Mehmetnek megparancsolá,
Ez legfőebb s kedvesebb vezére vala;
Hogy Kadileschernek ezer juhat adna,
Ő Isten nevében sasoknak osztatná.

67.
Ezer juhat vágata puszta mezőben
Kadilescher, s eggyet sem hagya bőrében;
Ez vala szultánnál igen böcsületben,
Mert vala ő főpap és érsek hitekben.

68.
Szálla sok sas földre, s az barmot ellepé,
Rút horgas orrokkal azt szaggatni kezdé;
Szántalan sok holló kákog mindenfelé,
Tolvaj kánya, lopó héja van keverve.

69.
De csudát én tinéktek mondok ezennel:
Ihon jün egy nagy sas haragos körmével,
Hasomlit ördögöt feketeségével,
Bialt nagyságával s rettenetességgel.

70.
Háromszor kerülé szárnyon az juhokat,
Szárnyait mozgatván mint gállyavitorlát;
Végre aláforditá sebes sugárát,
Elkergeté, üzé mind az madarakat.

71.
Mikor már egy sem volt, akkor ő leszálla
Az sok dög között kegyetlenül sétála;
De ő csak egyiket is meg nem kostolá,
De egy sötét fölyhőben eltünik vala.

72.
Kadilescher ezen igen megijedett;
Tudja, jövendője ennek nem jó lehet.
Igy szóllitá meg Szokolovics Mehmetet:
"Hajts meg, uram, hajts meg szómra te füledet!

73.
Noha néked nékem sokat nem kell szólnom,
Mert ezt az jövendőt általérted, tudom;
Menésünket Szigetre én nem javallom,
Mert madarak által Isten tiltja, látom.

74.
Látád, saskesellő mint üzé aprókat,
De még az sem bántá az nyuzott juhokat.
Bizony ez jelenti az császár haragját
Miránk, hogy meg nem veheti Szigetvárát.

75.
Üzni fog bennünket erővel ostromnak,
Fogunk futni előtte, mint hollók sasnak;
Magának sem mondhatok jót az császárnak,
Mert elveszténk ködben röpülését sasnak.

76.
Mikor Egervárra hamaliát hántunk,
Ugy mutatta, valamint kivántuk magunk:
Egervárban ülni fog az mi császárunk,
Magunk is szerencséssen mindnyájan járunk."

77.
Mindezeken sem ijedt az nagy Szulimán,
Mutat bátor orcát Mehmetnek sátorban;
Szüvében, nem tudom, ha mint szájával van,
De bal jövendőket nevet meggugolván.

78.
"Mi ugy cselekedjünk (monda az Mehmetnek),
Mint tudunk legjobban, s mint vitéz emberek,
Többit akaratjára hagyjuk Istennek,
Éhtelen madarak minket nem ijesztnek.

79.
De mi számunkra jobb jövendő nem lehet:
Tudd-é vitéz szolgám, Szokolovics Mehmet,
Miért az sok madár az dögbe nem evett?
Vár keresztény testbül mert hamar jobb étket.

80.
Holnap ha Isten egészségünket adja,
Légyen készen mindennek nyeregben lova,
Induljon Istennek szerető tábora,
Vagyon Mahometnek mireánk nagy gondja."

81.
Elnyugvék az szép nap csendesszen azonban,
És nem igen sokára lén éjféltájban,
Illyen nagy történet esék az táborban:
Két fene ló megszabadult egy sátorban.

82.
Kifutának sátorbul nagy harcolással,
Sátorköteleket szaggatnak rugással,
Tipornak már mindent nehéz vas lábokkal,
Az egész tábort fölfutnak gyorsasággal.

83.
Kinek fejét nyomják fekve, kinek hasát,
Rá szaggatják, döntik kire az sátorát;
Ki jajgat, ki fegyvert kap, biztatja társát,
Mindnyájan gondolják kaur csalárdságát.

84.
Nem tudom, mellyiktül, egy szózat kijőve:
"Ha most bán Zrini Miklós jelen lehetne,
Hitemre mindnyájunkat öszvekeverne;
Az Isten ne adja, hogy Zrini itt lenne!"

85.
Iszkender Talismán hallá Zrini nevét,
Nem hallá szomszédnak az többi beszédét,
Véli bizonyosnak Zrini ott lételét,
Fut, bujik mindenütt, nem tarthatja szüvét.

86.
Kiált török barát: "Zrini rajtunk vagyon,
Láttam szemeimmel; bár minden szaladjon!"
Fut, az ki ezt hallja, kevés, ki maradjon,
Az ki bátorsággal szablyához ragadjon.

87.
Fölzöndült az tábor, minden felől futnak,
Némellyek egymás közt igen vagdalkoznak,
Esmeretlen népek ha öszvetalálnak.
Kiki maga társát alitja kaurnak.

88.
Az ki káurt kiált, ottan fejét vészik,
Mert bizonnyal káurnak őtet itélik,
Rettentő kiáltással tábor megtelik,
Embert, lovat, sátort magok közt keverik.

89.
Már Murtazán basa kiment az táborbul,
Hogy megnézze, lássa, történt ez mi okbul:
Vannak harminc százan ezek mind lovasul:
Kiküldetnek Szokolovics bassátul.

90.
De már Aigas basa, cirkasok hadnagya,
Mivel rend rajta volt, tábort körüljárja.
Volt tizenháromszáz az ő jó lovassa,
Mikor sötétségben Murtazánt meglátá.

91.
Véli, hogy ez légyen az káur csoportja
Kevés bátor szóval vitézit biztatja,
Az maga csoportját törökre inditja,
Nem kérdez, nem is szól, csak haraggal vágja.

92.
Nagy erős dárdával sokat földre vere,
Mert neki mindenik ez esmeretlenje.
De nem állhat Aigasnak senki ellene,
Erős ő maga is, s van vitéz serege.

93.
Szalad a Murtazán vissza mind népestül,
Szalad nagy serege nagy-dicséretlenül,
Aigas az Murtazánt eléri népestül;
Nézi, véli: légyen hadnagy káur közül.

94.
Buzogánnyal Murtazánt erőssen üté,
Akaratja ellen az földre teritté;
De nem bántja, tüle hogy nyelvet vehetne,
Kötözve egy tüzhöz sietve viteté.

95.
Ily zöndülést hallván az Szulimán császár,
Szántalan lovassal az tábor között jár,
Vagyon körülette sok jó puskás jancsár;
Nézi, honnan lehet köztök ily zurzavar.

96.
Zrinitül ő nem fél, mert tudja bizonnyal,
Madár sem jühetne ily hamar szárnyával;
Azért mindent biztat, az kit futva talál,
Végre csöndeszedvén, egy kis tüznél megáll.

97.
Hát ihon Murtazánt hozza Aigas basa,
Hogy megnézné tüznél, ki légyen, akarja;
Szerencsére talált ottan az császárra,
Messziről esmérvén császárt, néki szólla:

98.
"Im hatalmas császár, Zrinit hozom néked,
Egy bot-ütésemnek eztet köszönheted."
De Murtazán kiált: "Hát ne bánts engemet,
Török vagyok én is, esmérlek tégedet."
99.
Aigas Murtazánnak nézi bátran szemét;
Mond: "Bizony nem érdemled az török nevet."
Ily szókkal oldozá meg kötözött kezét;
Nem meri Murtazán felemelni szemét.
100.
Ott Aigás császárnak, mint járt, megbeszéllé,
Murtazán mint futott, és miként kötözé,
Az törökökben is hogy sokat levere,
Mert nem tudják vala az jelt s nem esméré.
101.
Vitéz Aigás nagy tisztességben marada,
De Murtazán, mivel szégyennel szalada,
Az vitézek előtt vala gyalázatban,
Császár visszatére csendesült táborban.
102.
Török háromezer elveszté életét,
Mert Aigas ezeret vága, Murtazánét;
Ki maga futásban szakasztotta fejét,
Kinek puska szaggatta mellyét és fejét.
103.
Elég nagy gondja volt az vitéz basáknak,
És még magának is az okos császárnak,
Hogy az fölzendült népet megcsillapitsák;
Ám nehezen, későre, megcsillapéták.

**Pars quinta**
*(Ötödik ének)*

1.

Egyfelől Szulimán van nagy készülettel,
Másfelől horvát bán várra gondot visel,
Megtölt szorgos füle már császár hirével,
Hogy jün romlására minden erejével.

2.

Áll rettenthetlenül Zrini nagy gondokon,
Mint nagy tornyos küsziklák magas Késmárkon;
Heába küszködnek nagy szelek azokon,
Erejeket vesztik heában ostromon:

3.

Ugy Zrinit nem ijesztheti gond, sem rettentés,
Ha Atlas leromlik, ha az nagy ég leés;
Mert állhatatosra az félelem nem és,
Az ki igaz üggyel s jó szüvel fegyveres.

4.

Hadnagyokat, vajdákat előhivatá,
Az vitézlő rendöt mind elől állatá;
Mikor eggyütt lenni őket mind meglátá.
Ily szókkal hozzájok bölcs száját megnyitá:

5.

"Nem véletlen dolgot szerencse ránk készit,
Nem teszi váratlanul ránk, az kit épit;
Kit nagy szüvel vártunk, vitézek, vagyon itt,
Had, fegyver előttünk, mellyet pogány készit.

6.

Hatalmas török császár szultán Szulimán
Huzza ránk haragját, mint dühös oroszlán,
Minket elveszteni és rontani kiván,
Vagyon reménsége szántalan sok hadán.

7.

Minden reménsége az sereg sokaság,

Hatalma, ereje szántalan jancsárság,
Biztatja veszélyünkre sok számu lovasság,
Sok világszegletről öszvegyült pogánság.

8.
Esztelen, ki veti ilyből reménségét,
Utoljának tartja az Isten kegyelmét,
Elrontja haraggal Isten reménségét,
Lovassát, gyalogját s röttentő fegyverét.

9.
Ezért ő Pharahot rontá keménységgel,
Goliátot meggyalázá egy gyermekkel,
Philisteusokat rettenetességgel,
Ronta pogányokat bosszuálló szüvel.

10.
De irgalmat is tett alázatos szüvel,
Az ki csak őbenne vagyon reménséggel,
Ezért tett irgalmat az zsidó népekkel,
Sok szent királyokkal és Dávid gyermekkel.

11.
Ime nem rövidült meg keze az Urnak,
Kegyelmes fülei be nem dugattattak;
Hányszor mi magunkon az Isten irgalmát
Láttuk, s tapasztaltuk számos ajándékját.

12.
Azon ellenséggel mi harcolni fogunk,
Kit sokszor előttünk, mint barmot, hajtottunk,
Fegyvereket, tisztességeket elvontuk,
Isten irgalmábul sokszor elrontottuk.

13.
Nem gondolhatjuk azt, hatalmas vitézek,
Hogy az mi kezeink, bár készek s kemények,
Véghez ily rettenetes próbákat vittek,
Mellyekért tisztelnek minket az emberek:

14.
Nagyobb erő volt az, mert az nagy Isten volt,
Az ki miérettünk hatalommal harcolt,
Kezünknek erőt, szüvünknek bátorságot
Csinált, és az pogánytul elvette aztot.

15.
Ihon mit cselekedett éröttünk Siklósnál
Az kegyelmes Isten számtalan tatárral:
Mint az terhes fölyhő, jütt ránk sokasággal,
Minket kész prédának tartott ő magánál.

16.
Az Isten azoknak elrontá rendeket,
Megtompitá nagy szüvöket s fegyvereket,
Azért nem akarának várni bennünket,
Vágtunk le őbennek kétszer két ezeret.

17.
Vér s fáradság nélkül megverénk Ulámát,
Mely nagy dühösséggel ránk hozá nagy hadát,
De ott hagya Ulmán szántalan sok prédát,
Ott hagya sok agát, s Gyáfert, maga fiát.

18.
Most is babocsai Rinya török vértül
Meleg, és fejérlik mező sok holttesttül,
Budai török is futott, mint por széltül,
Előttünk, mert Isten volt fegyverünk körül.

19.
Mely acélyos paizs tartott meg magamat,
Mikor Babocsárol ellövék lovamat
Ágyúbul, s másodszor fejembül tollamat
Elszaggatták; közel láttam halálomat.

20.
Ihon csak nem régen nem látánk-é csudát,
Mikor Isten kezünkben adá Korotnát?
Nem váránk ágyútul falának romlását,
Illetetlen megvévénk erős küfalát.

21.
Arszlán Jahiogli elfuta előttünk,
Nem meré megvárni hadverő fegyverünk,
Mert tudta, hogy nagy Isten vagyon mivelünk,
Azért őket akkor untig vágtuk s öltük.

22.
Az siklósi mezőn Tajeleri Mehmet
Ott veszté táborát, fiát és életét;
Alig volt talám egy, az ki hirt vihetett
Az török császárnak, mert többi elveszett.

23.
Előbb elfogy éltem, oh, erős vitézek,
Hogysem kimondhassam kegyelmét Istennek,
Most sem hágy el nagy hatalmu keze tiktek,
Ti is ő szent nevéjért serénkedjetek.

24.
Mindenfelől ránk néz az nagy keresztyénség,
Mi vitéz kezünkön van minden reménség,
Soha még mireánk nem jütt rut szégyenség,
Azért rakva hirünkkel föld, tenger és ég.

25.
Mostan megnevelnünk kell az mi hirünket,
Avagy tisztességgel véznünk éltünket;
El nem rontja üdő cselekedetünket,
Valamig világ lesz, és lát ember eget.

26.
Az is minekünk nagy tisztességünkre van,
Hogy maga ellenségünk szultán Szulimán,
Kit mi ha meggyőzünk, mint reménségünk van,
Világbiró császárt meggyőztük az harcban.

27.
Harcolnunk peniglen nem akarmi okért
Kell, hanem keresztény szerelmes hazánkért,
Urunkért, feleségünkért, gyermekinkért,
Magunk tisztességéért és életünkért.

28.
Előbb halva lássa pogány eb testünket,
Hogysem elveszessük megszámlált kéncsünket,
Hogysem ő porázon hordozzon bennünket,
Szabadságunkkal eggyütt rontván hirünket.

29.
Arra fogja vetni minden mesterségét,
Hogy mint bolondokat, hittel csaljon minket.
Bolond, az ki török szavának ád hitelt,
Mert várával eggyüt elveszti életét.

30.
Lám vitéz Amadi erős Visegrádát
Megadá töröknek nagy szomjuság miát,
Éltével fizete, s későn báná dolgát;
Igy vitéz Lossonci adá Tömösvárát.

31.
Megadá Lossonci nagy kételenséggel
Tömösvárnak falait, eggyügyü szüvel,
De gyorsan megfizete kedves éltével,
és minden vitézinek elveszésével.

32.
Nincs mit hinnünk nékünk az török császárnak,
Mert nem lén embere megesküdt szavának;
Meg nem adá Budát az király fiának,
De nagy hitetlenül megtartá magának.

33.
De hogy adna hitet, kinek hiti nincsen?
Töröknek hogy hinnénk, ki hazud mindenben?
Minekünk meghalnunk kell ebben az helyben,
Avagy meg kell győznünk, bizván Istenünkben.

34.
Ez a' hely s ez az vár légyen dicsőségünk,
Avagy madár gyomra mi koporsóhelyünk.
Mindenképpen emberek s vitézek legyünk,
Ugy marad meg örökkén az mi szép hirünk.

35.
Fejem fennáltáig lészek én veletek,
Esküszem seregek élő Istenének!
Kivánom, hogy ti is igy cselekedjetek,
Éles szablyát kézben tartván esküdjetek."

36.
Vitéz Zrini szavával megbátorodtak,
Az egész szigetvári vitéz leventák
Előtte megrendelt seregben állottak,
Mezételen fegyvert kezekben tartottak.

37.
Mint mikor az fölszél Késmárkbul kiszakad,
Ama sürü fenyős erdő közben akad,
Támaszt zugást nagyot, nem reked s nem lankad,
Hajol előtte lágy, és kemény ág szakad:

38.
Illyen nagy zöndülés esék ő közikbe,
Mert fölforr az haragos vér mindenikbe,
Kivánja mindenik: ellenség vérébe
Hamar kezét fösthesse, és az szüvébe.

39.
Ott Farkasics Péter (mert meggyógyult vala
Abbul csapásbul, kit Rahmattul nyert vala)
Szablyát hüvelyéből gróf előtt kivánta,
Az egekben nézve igy esküszik vala:

40.
"Halld meg te, igaz Isten, én beszédemet,
És te, o, vitéz gróf, én esküvésemet!
Hazámért kéméllem hogyha életemet,
Ha vigan nem ontom, a' hol köll, véremet;

41.
Hogy ha, meddig élek, elhagyom uramat,
Vagy gondolok az hely ellenpractikákat:
Isten, bosszuálló köveddel magamat
Üss meg, és lelkemet vesd pokolban hanyatt."

42.
Volt Farkasics Zrininek főkapitányja,
Ő serege kétszázharmickettő vala,
Mindeniknek páncér, karvas és sisakja;
Mindnyájan fölszóval igy esküsznek vala.

43.
Mihant félre álla az vitéz kapitán,
Jün százötven karddal Novákovics Iván;
Haragos tigrisnek vagyon bőr az hátán,
Kegyetlen sastoll van szegezve paisán.

44.
Novák Debeljáknak nemzetiből való,
Cselekedeteivel is bizony hasomló,
Törött lába alatt sokszor török zászló,
Hevert ő alatta sok török, sok holt ló.

45.
Száz meztelen szablyát Dandó hoz ez után,
Maga van előttök, jár mint egy oroszlán,
Ez is ugy esküvék, félre álla osztán,
Utánna érkezék százzal Orsics István.

46.
Ennél nem szülhetett anya mérészebbet,
Erős testtel biró sem termetessebbet,
Azt tudnád, hogy Márs jár, mikor látod őtet,
Sokszor szemeivel törököt kergetett.

47.
Jün Szecsődi Máté, nagy tarka kecsével
Befödözve magát, és páncér fegyverrel,
Nagy meztelen pallost tart erős kezével;
Megesküvék ez is száz erős legénnyel.

48.
Hát Alapi Gáspár négy ötven szablyával
Jün, van befödözve párducnak hátával,
Vitéz módra ékes szép daru tollakkal,
Bővölkedik vitézséggel s okossággal.

49.
Jüsz te is, kegyetlen Radován Andrián,
Mert urad kiváltott az olaj-bég sarcán.
Higgyétek, nem fenébb ennél az oroszlán,
Mikor török seregben keveredve van.

50.
Küldött már hatszázat törököt pokolban,
De még küld ezeret, van ollyan szándékban,
Száz seb vagyon testén, mellyet nyert harcokban,
Nem régen legtöbbet, hogy esék fogságban.

51.
Ihon Stipán Golemi rettentő testtel
Lépik, mint egy halom, rettenetességgel;
De ennek nem árthatni soha fegyverrel,
Mert keményebb bőre vasnál s kemény kűnél.

52.
Im Bata Péter is deli öltözettel
Jün eggyütt haragos Patatics Péterrel,
Papratovics Farkas jün könnyü testével;
Ez mindenik vala száz-száz jó legénnyel.

53.
Maga Kobács Miklós kétszáz legényt vezet,
Mert hadnagy Cserei Pál társa elveszett.
Bizony ezeret is ez méltán vezethet,
Mert ravaszabb nálánál hadban nem lehet.

54.
Jün Balázs deák is nagy Győri Mátyással,
Medvei Benedek hatalmas Bikával,
Mondom, bizony hatalmas Bika Andrással,
Ki lovat s törököt öl csak egy csapással.

55.
Geréci Berta is ötven legént vezet,
Mert többi Olaj bék keze miát veszett;
Maga is Geréci fején sebesedett
Legutolsó harcon, kiben basa veszett.

56.
Juranics Lőrinc is zászlótartó vala,
De nem régen történt vajdája halála,
Azért érdeméért tevék most vajdává,
Mert sok vitézségét harcokon mutatá.

57.
Iffiu Juranics, melynél szebb ifflat
Soha az nap szeme világon nem láthat,
Vezet maga után ez két ötven szablyát,
Orostoni Péter utánna más százat.

58.
Hoz Horvát Radivoj száz legényt ez után,
Eztet százzal követi Bajoni Iván;
Guszics András százzal az ő nyomába van,
Ez megtartá Zrin-várát töröktül bátran.

59.
Ihon Deli Vid is, törökök ostora
(Mert tanitja üket gyakor szaladásra),
Jün maga ez utól hatalmas leventa,
Véle jün haragos ötször ötven szablya.

60.
Kevés hasomlitanom ezt oroszlányhoz,
Mert hasomló hadverő haragos Márshoz;
Látszik az szemén, is hogy halált s lángot hoz,
Ez négy ölni vas dárdát kezében hordoz.

61.
Selyem páncér ünggel öltöztette testét,
Nagy nyusztbőr kápával befödözte fejét,
Azon kerecsen szárny mutatja szépségét,
Egy nagy nehéz paizs sulyositja kezét.

62.
Nagy mamuz az lábán kemény földet szántja,
Kemény fringia-kard oldalát támasztja;
Ez volt szigeti leventáknak virágja,
Bölcs, erős, gyors, haragos, mikor akarja.

63.
Ezek mind esküvének szigeti grófnak,
Hogy véle az várban meghalni akarnak,
És hogy ó mellőle holtig el nem állnak,
Hanem hivek lesznek néki s az országnak.

64.
Mustrát elvégezvén szorgalmatos Zrini,
Várnak állapotját kezdé látogatni,
Ágyukat bástyákra rendel felhuzatni,
Fegyvert vitézeknek és port osztogatni.

65.
Mindenféle profontot, hadi szerszámot,
Bort, kenyeret és hust, és elegendő sót,
Sok kapát, lajtorját, mindenféle ásót,
Tüzes mesterséget, föcskendő tüzótót,

66.
Sok deszkát, taligát és égni való fát,
Salétromot, kénkűt s égett mogyorófát,
Sok kemény tölyfábul temerdek gerendát;
Egy szóval, az mi kell várnak, mindent hozat.

67.
Meghagyá azután: senki ellenséggel
Beszélni ne merjen, az pogány törökkel;
Mert ha találtatik, megfizet fejével,
És nem lészen néki semmi kegyelemmel.

68.
Istrázsákat osztán körül az palánknak,
Hogy mind éjjel-nappal eztet renddel járják.
Futnak, szorgoskodnak az sok vitéz vajdák,
Magok személyek szerint várat vigyázzák.

69.
Mikor mind ezeket Zrini vivé rendben,
Mikor hivataljat tudja immár minden,
Tartozása szerént irá egy levélben
Magyarországi királynak ilyenképpen:

70.
"Vagyon immár két heti, Felséges Uram,
Hogy az török császár késziti kardját rám.
Bizonyos emberimtül eztet hallottam,
Azért Felségednek ezt tudtára adtam.

71.
Az mint lehetett is, készültem mindennel,
Vitéz szolgáimmal, mindenmód fegyverrel,
Szorgos vigyázással és minden jó renddel;
Vége szerencsének de vagyon Istennél.

72.
Irhatom bizonnyal aztot Fölségednek,
Hogy provideáltam Sziget szükségének.
Ha kézbül maradást rendelt Isten ennek,
Ez tartja meg, az mely ir te Felségednek.

73.
De félek, más véget tett Isten ez várnak,
És az várral eggyütt az te hű szolgádnak,
Mint fövénynek mondják mert számát pogánnak;
Azért csak kűvel is itt beburithatnak.

74.
De csak az te fejed legyen egésségben,
Örömest meghalok én ebben Szigetben.
Kérem Felségedet, hogy emlekezetben
Fiaim légyenek nálad, s kegyelemben.

75.
Mostan én örökkén bucsuzom tetüled,
Mert tudom, nem látom soha Fölségedet,
Azért, ki teremté földet és az eget,
Az az mindenható Isten légyen veled."

76.
Elvégezvén levelét, bepecsételé,
Osztán fiát, Györgyöt, szépen megölelé,
Okossan, röviden néki igy beszélle,
Az gyermek atyja szavát igen fülelé:

77.
"Fiam, én utolszor most látlak tégedet,
És azért is áldom az én Istenemet,
Hogy hallanod hagyta végső beszédemet;
Halld meg fiam, kérlek, az én intésemet.

78.
Ihon uraságban hagylak én tégedet,
Karddal bővitettem az te értékedet;
Mindened lesz, tanulj isteni félelmet,
Isten megneveli minden szerencsédet.

79.
Tanulj én tülem is nehéz vitézséget,
Tanulj fáradságot s hazádhoz hűséget,
Tanulj tülem jószágos cselekedetet,
Mástol penig szerencsét s annak gyümölcsét.

80.
Én már éltem eleget, láttam gonoszt s jót,
Már meg is untam heábanvalóságot:
Mert láttam mindenkor, kit az világ adott
Egy kézzel, kettővel mindjárt visszarántott.

81.
Nem láttam semmi jót, kiben megnyughatnám,
Nem találtam nyugovást, kiben bizhatnám,
Csak néked, Jehova, az mikor szolgáltam,
Akkor megelégedtem és megnyugodtam.

82.
Fiam, annak szolgálj és járj azon uton,
Kit fia Istennek rendelt ez világon,
Ez ád néked erőt az török pogányon,
Ez ád jó szerencsét ezen a világon.

83.
Osztán emlékezzél az én sok próbámrol,
Ne légy, mint elfajzott galamb kemény sastul,
Karddal te keressed hiredet pogánytul,
Mondhassák, igazán fajzottál Zrinitül.

84.
Én égben az Istent imádom éretted,
Hogy bővitse mindenkor az te erődet,
Adja, hogy szolgálhass néki kedve szerint,
És hogy sok üdőre menyben láss engemet.

85.
Ezt az levelemet vidd gyorsan királyhoz,
Tudhasson idején készülni az hadhoz,
És nyulni jó móddal az ország dolgához,
Mert sietséggel jün Szulimán az várhoz."

86.
"Kemény szivü atyám, mit kegyetlenkedel?
(Igy iffiu Zrini az nagy bánnak felel)
Engemet magadtul kergetni akarsz el,
Hogy tüled elváljak örökös üdővel?

87.
Nem igy fia sasnak én igaz sas lészek,
Hanem elfajzott veszteni való kölök,
Ha én halál előtt oly igen félemlek,
Kit vig szüvel keressz, én aztot kerüljek?"

88.
Valamely szerencsét rendelt Isten néked,
Méltó, hogy ugyanaz hordozzon engemet;
Bujásommal ne gyaláztasd nagy nevedet,
De kinek tartsam hát megunt életemet?

89.
Ez-é az vitézség, kire tanitsz engem,
Hogy az első próbám elbujásom légyen,
Nagy atyának rosz fiát minden nevessen?
Ah, ne adja aztot az jó Isten érnem!

90.
Uram, vagy engemet hagyj meg itt magaddal,
Vagy hogy végzem éltemet magam kardjával;
Elfogyjon Zrini név előbb nagy csudával,
Hogy sem csak egyik is éljen gyalázattal."

91.
De atyja igy felele okos elmével:
"O, nagy szüvü gyermek, s teli bölcsességgel!
Mennyire bővölködöl te keménységgel,
Annyira tüzedet illik óltanom el.

92.
Édes tisztességnek az ő gondolatja,
S némely magát örömest aval csalatja,
Kevés, ki igazán ezt alkolmaztatja,
Az ki jót jó hirrel öszvecsinálhatja.

93.
Elragadt tégedet vakmerő bátorság,
Mint széltül hajtatik az ingadozó ág,
Lészen oly üdő is, hogy benned vidámság
Ugy fog tündökleni, mint kertben szép virág.

94.
Nem jó üdőtlenül virágot szaggatni,
Nem dicséretes néked halált kivánni
Most, mikor senkinek nem tudnál használni
Haláloddal; tartozol élni s szolgálni.

95.
Nem mienk az lélek, hanem az Istené,
Te fogsz-é kedvedre sáfárkodni véle?
Tarts meg, fiam, magadat nagyobb szükségre,
S szegény romlott hazánknak jobb üdejére.

96.
 Szükség, hogy én itten végezzem napomat,
Mert Isten rendelte itt végső órámat,
Most utolszor mutatnom kell mivoltomat;
Kövessed, mikor kell, te is nagy próbámat."

**Pars sexta**
*(Hatodik ének)*

1.
Szulimán Harsánhoz már érkezett vala.
Harmadnap táborát ott megnyugasztalá.
Onnan követeket magátul bocsáta,
Kik menjenek Zrinihez Sziget várába.

2.
Halul bék volt neve az eggyik követnek,
Ez fia volt kajeri gondviselőnek,
Mondom, Orchamusnak, Mahomet vérének,
Mely Aegyiptom pusztán Szinántul öleték.

3.
Vala igen okos Halul bék beszédben,
Oly szépen folyt szava, mint ha kevert mézben
Volna, s az másiknál magát csendeszebben
Viselte is magát, és sokkal bölcsebben.

4.
Az másik Demirhám volt Arabiábul,
De tetszik, mint egy vad puszta Libiábul,
Vakmerő kegyetlen nem lehet ily sohul;
Minden igazságát veti csak szablyábul.

5.
Ennél vadabbat az föld sem teremthetne,
Bár ha ujabb boszuval óriást szülne,
Az ki az nagy egekre hegyekkel lünne,
De mégis vadabb Demirhámnál nem lenne.

6.
Ez szerecsen hadnak kapitányja vala,
Ötödik részének, s igen erős vala,
Ezt csak ijesztésért császár küldte vala,
Mert az követséghez ő semmit nem tuda.

7.
No, ezek Szigetvárhoz elindulának,

Mikor osztán kapukhoz közel jutának
Egy ágyu-lövésnire ők leszállának,
Fegyvert szolgáiknál ottan elhagyának.

8.

Zrini öszvehivá mind az vitézeket,
Mert már régen hallotta az köveieket;
Piacon hallgatá meg az köveieket,
maga körül állitá az vitézeket.

9.

Demirhám nem igen böcsüllé meg őket,
Mintha nem gondolná látni vitézeket;
De Halul mellyére tevé az két kezét,
Alázatossággal monda, hajtván fejét:

10.

„O, JÉZUS hitin valóknak szép csillaga,
O, ily vitézeknek érdemes hadnagya
Egyedül! Mely ország próbádat nem tudja?
Mely világrész vitézségedet tagadja?

11.

Hon az meleg hajnal pirossan feltetszik,
Hon az sötét estve tengerben enyészik,
Hon az Észak-tenger magában küszködik:
Hired mindenütt van, s mint nap, ugy tündöklik.

12.

Csudául mi halljuk nagy vitézségedet
Mindnyájan, urunk is az te jó hiredet
Szereti hallani, cselekedetedet,
Szeret magadat is, ha nem is hitedet.

13.

Illyen méltó oktul ő megindéttatott,
Hogy küldjön általunk néked barátságot,
S hogy ebben láthasson ő állandóságot,
Izent néked tülünk képes kivánságot.

14.
Ü kivánsága ez: ez várat kezében
Adjad, és ne bizzál nagy keménységedben;
Haszontalan harag, az ki nincs erőben,
Esztelen, ki kiván, az mi lehetetlen.

15.
Császár nem kivánja az te szép váradat,
Hogy avval nevelje maga gazdagságát,
Mert az ki világnak birja nagy határát,
Nem kivánhat szüve kűbül egy kis várat.

16.
De tudnod kell néked az mi fátumunkat,
Az Istennek elszánt igaz akaratját:
Minekünk ő adja az szép arany almát,
Meg is fényeséti, mint napot, holdunkat.

17.
Azért az hatalmas szultán megindult mast,
Isten akaratját viszi végben bizvást;
Ne adja Isten azt, hogy te meggondolhasd,
Hogy te Isten kedvét kézzel megtartóztasd.

18.
O, boldog bölcs Thamma, Kazul Bas nagy ura!
Békeséget császártul mert kérni tuda,
Idején s eszessen magát megalázta,
Mostan nagy Persiát békeségben birja.

19.
Lusitanusokat tartom okossaknak,
Mert az fátum ellen, lám, ők nem harcolnak.
Lám, az francuzok is boldogságban vannak,
Te penig hanyad része lehetsz azoknak?

20.
Ha bölcs vagy, szükségbül tehetsz magadnak jót,
Nagyobbtul magadra nem csinálsz haragot:
Alázd meg magadat, add meg ezt az várat,
Mellyet semmiképpen többől meg nem tarthatsz.

21.

Nem kérettetik tüled ingyen ez az vár,
Hol nagy haszon vagyon, nem látszik kicsin kár;
Valamit te kérhetsz, azt Szulimán császár
Örömest engedi, elhiggyed nékem bár.

22.

Vezérséget tüle kérj, hogyha nem hiszed,
De tudom, hitünkre nem vonsz az te szüved.
Megbocsásd, igy szóllok, mert keresztyéneket
Minden tartja tormában esett féregnek.

23.

Kérj hát tüle sok pénzt és gazdag kincseket,
Nem találsz őbenne semmi fösvénséget;
Avagy kérjed tüle ez várat, Szigetet,
Hogyha te ok nélkül oly igen szereted:

24.

Elhittem, tetüled aztot ő sem tiltja,
De uraság jeléért most azt kivánja,
Hogy hada bejüjjön, s valamely hadnagya
Aztot te kezedben hagyásából adja.

25.

Külömben, jó Zrini, hogyha cselekeszel,
Váradat s szolgáidat bizony veszted el;
De semmi ez, életed az jó híreddel
Szigetvár hamujában temetődik el.

26.

Talán van oly, ki biztat téged füst szókkal,
Kever jó híredet belé csalárdsággal:
De az lészen első, ki szégyenvallással
Szükségnek idején elárul futással.

27.

Csiklandos szók ezek, és mind esztelenek!
Ki fogja tartani aztot vitézségnek,
Egynihány hogy állott ellent százezernek?
Minden fogja nevezni vakmerőségnek.

28.
Talán esküvésed tartóztat tégedet,
Kit német császárnak békeségben tetted?
De lelkiesméret mostan mentté tehet,
Senki nem tartozik tenni lehetetlent.

29.
Bizol-é németben, te okos horvát bán,
Hogy hamar segitséget küld néked talán?
Német, mely tégedet az föld alatt kiván
Lenni, segitséget hoz kárával talán?

30.
Ki nem esmérheti német barátságát?
Leginkább magyarhoz gonosz akaratját?
Hogy gyülöli német az magyar katonát,
Ha akarod, adok néked ezer példát.

31.
De bár az ugy légyen, eljüjjön az német,
Rákháton tinéktek hoz ő segitséget,
Elvesztitek akkor kedves éltetöket,
S ők török kezében találják Szigetet.

32.
Uram, hogy én néked megmondjam egy szóval:
Nagy dolgokat kis üdőben te csinálál,
Országos hadakat vesztéig rontattál,
Kűvárakat vettél, és el is bontottál.

33.
Van már legmagassabban az te jó hired;
Nincsen már hely, az hová feljebb vihessed,
Csak azon mesterkedjél, hogy azt őrizzed,
Arrol sikos helyről, hol van, el ne ejtsed.

34.
Futnod már kell néked szerencse próbáját,
Az ki szakaszthatja jó hirednek nyakát,
Futnod, uram, néked kell méltán az hadat,
Az ki minden órán külömben változhat.

35.
Ne légyen fejedben az a' bizodalom,
Hogy az kit egyenként te meggyőztél harcon,
Meggyőzhesd te mostan, hol vannak minnyájan,
Mely, Isten rendibül, várad alatt vagyon.

36.
Ezt szultán Szulimán, mivel szeret téged,
Izente általunk, vitéz Zrini, néked.
Ihon jün maga is; egy millio népet
Hoz el romlásodra, ha szavát megveted."

37.
Itt hallgata Halul, és esék zsibolygás
Az erős vitézek közt, és zúgolódás;
Jól esméri Halul, hogy nekik unalmas
Az illyen követség és az vármegadás.

38.
Horvát bán megnézé az sok jó vitézét,
Osztán követekre forditá az szemét;
Minnyájan hallgatnak, várják bán tetszését;
Ő nagy méltósággal elkezdé beszédét:

39.
„Jó követ, okossan nékünk megbeszéléd,
Lágyon s haraggal is urad követségét;
Szép szóval kitévéd urad szeretetét,
Kit mihozzánk hordoz, és az ő jó kedvét.

40.
Csudálom; mert azon én nem igyekeztem,
Hogy ti császártoknál kegyelmem lehessen,
Sőt ártottam néki kis tehetségemben,
Valahol lehetett, és minden erőmben.

41.
Barátságomrol is röviden felelek:
Soha töröknek barátja nem lehetek,
Valameddig látom, ő árt keresztyénnek;
Barátság, ártalom öszve nem férhetnek.

42.
De ha barátságomat császár kivánja,
Meglehet; magyarét mert visszaadhatja,
Se más keresztyénét osztán ne kivánja;
Igy talán lehetek őnéki barátja.

43.
Hol penig Szigetvárat nevével kéred,
Jó követ, tudnod köll, az mit mondok néked,
Hogy Zrini ezekkel már sokat szenvedett,
Gonoszt, veszedelmet, hideget s meleget.

44.
Azért, hogy Istennél nyerhessünk kegyelmet,
Azért nem gondolunk vesztenünk éltünket,
Sok kincset, gazdagságot és mindenünket,
És ez elmulandó világi hirünket.

45.
Hát ne apolgasson bár császár ezekkel,
Az kit mi világnak hagyunk nagy örömmel,
Ha szónkat nem hiszi, jüjjön ránk erővel,
Meglátja, mit tehet, az ki van Istennel.

46.
De ha büneinkért az Isten bennünket
Megvér, s kezetekben adja életünket:
Meghalunk örömest, de ti elvesztünket
Nem fogjátok nevetni, s keresztyéneket.

47.
Mi sem irigyeljük akkor élteteket,
Elhagyjuk örömest mennyekért Szigetet.
Vidd meg császárodnak az én beszédemet;
Meglátja Szulimán, Zrini is mit tehet."

48.
Nem türheti Demirhám Zrini beszédét,
Mert az kemény választ általverte szüvét,
Mond: „O, te! Ki megveted had veszedelmét,
S gondolod, üstökön fogtad az szerencsét;

49.
Ihon had s békeség az én kebelemben;
Most válassz magadnak, mig tart az üdődben,
Mert én nem érthetem, kerülő beszédben
Csavarogsz, s válogatsz hadban, békeségben."

50.
Illyen szókra seregek megzöndülének,
Nem várják választját hatalmas Zrininek,
„Fegyvert, fegyvert!" kiáltnak az követeknek;
„Fegyverrel, nem szóval kell veszni Szigetnek!"

51.
„Hát halálos fegyverre hilak bennetek!"
Felele Demirhám; „mert látom, éltetek
Unalmas." Oly hanggal mondá meg ezeket,
Mintha Janus temploma most nyilt volna meg.

52.
Gyorsan az császárnak esék ez fülében,
Hogy Zrini többivel van nagy keménységben.
Nem sokáig késék, ugrék nagy méregben
Zrini s Sziget ellen, és nagy kevélységben.

53.
Szokolovics Mehmetet magához hivá,
Néki forró haraggal megparancsolá,
Hogy egész táborban készülőt fujatna,
És hogy Oszmán basát elől bocsátaná.

54.
És Oszmán basával Ali Kurtog menne,
Amaz az nagy Asiának béglerbékje,
Ez vizen, szárazon fő ágyusmestere;
Meghagyá, hogy evvel husz száz jancsár menne.

55.
És hogy körülfognák Sziget kerületét,
Néznék hon lelhetné maga szálló helyét,
Árthatlanul honnan törhetnék Szigetet,
Hon lovas- s jancsárnak szállitná seregét.

56.
Maga is hogy holnap, első szép hajnalban
Megindul és mégyen az Oszmán nyomában.
Hát megindúlt Oszmán ugyanaz órában,
Mert semmit nem mér elmulatni hagyásban.

57.
Visz tizezer szablyát béglerbék magával,
Ali Kurtog vagyon kétezer jancsárral,
Mendegél török sereg jó rendtartással.
Vigyázó, jelt ada Szigetben haranggal.

58.
Zrini lovas csatát várbul kibocsáta,
Hogy török szándékárul ez hirt mondhatna.
Szerencse kezekben egy törököt ada,
Mely vár felől maga többitül szakada.

59.
Ez megmondá nékik béglerbék szándékát,
S hogy holnap elvárná az császár táborát,
Gyorsan megnyittatá Zrini az kapukat,
Vive ki magával tizenkétszáz szablyát.

60.
Basa megszállott volt már egy nagy malomnál,
Hol hináros Almás foly lassu zugással,
Túl az vizen Ali Kurt van fele haddal;
Nézik: Szigetvárnak ártsanak mi móddal.

61.
Törökök lovakat mind fűre ereszték,
Túl s innen magok is mind széllel hevernek.
Esztelenek egymáshoz nem is mehetnek,
Nem félnek, keresztyének hogy kijűjenek.

62.
Vár és török között egy kis halom vala,
Azért az keresztyént török meg nem látá;
De mihent jó Zrini az halomra juta,
Egy Dervis nevü török ottan meglátá.

63.
Kiált: „Iste kaur!" Nem kiált sokáig,
Mert rámene Dandó, mint ama mérges gyik,
Szablyáját Dervisben vágá hónaljáig,
Éltétűl, szavátul egyszersmind elválék.

64.
Kiáltás, futkozás táborban nagy esék,
Ki kergeti lovát, ki lovára ugrik,
Ki penig berekben gyalázattal bujik,
Még basa maga is ottan megrettenik.

65.
Láttad-é hangyákat mikor megbolygatják?
Mint sietséggel ide s tova futkosnak,
Nyomorultak nagy tojásokat hordozzák:
Szintén igy most ezek kétfelé kapdosnak.

66.
De sokat szigeti kapitány nem késik,
Közikben mint vitéz bátorsággal esik;
Az hol csoportokban török gyülekezik,
Az Zrini kezétül gyorsan elszélledik.

67.
Talán igy Hercules bánt az sárkányokkal,
Vagy hatalmas Sámson philisteusokkal,
Mint Zrini cselekszik török pogányokkal,
Egy kemény és élös fringia-szablyával.

68.
Elvéve életét evel Ramadánnak,
Elválasztá fejét testétül Juszupnak,
És karamán Nuhnak, persa Assagurnak,
Torlaknak, Dedónak, nagy testü Halulnak.

69.
Nem használhat néked is hamis hamalia,
Murtuzánogli, Murtuzán basa fia,
Sem tenéked szentség, Balukbas Jahia,
Mind föld alá téve tikteket fringia.

70.
Deli Vid másfelől török közt, mint tündér,
Százat dárdájával nagy erővel levér,
Már minden ruhája nem más, csak török vér,
Egyedül köztök, mint oroszlány, járni mér.

71.
Nem is mondhatom ezt harcnak s viadalnak,
Csak rettenetes iszonyu vérontásnak,
Mert törökök mindenfelől, mint por, futnak,
Ki lovon, ki gyalog, berekben szaladnak.

72.
Megholt Kara Illan Radován kezétül,
Tarluk oda-basa Novák nagy sebétül,
Szerecsen Gisdar is ennek fegyverétől
Fekszik, földet harapván nagy kegyetlenül.

73.
Túl Almás patakon van az jancsár sereg,
De nem lehet őtülök semmi segétség,
Mert viz magassága ér torkig embernek,
Megázik fegyverek, hogyha általjünnek.

74.
Az basa heában kiált innen rájok:
„Bizony, török császárnak ti vadtok árulók;
Ha nékünk segitséget gyorsan nem hoztok,
Nem igaz törökök, de török árulók."

75.
Ali Kurt örömest hozna segétséget,
De jól esmeri vala az viz mélységét:
Ló meg nem győzheti az nagy söppedéket,
De gyalog megáztatja minden fegyverét.

76.
Mégis, noha sötét volt, viznek jancsárság
Gázolva indúlt, mint sok sürü nádasság;
Puskákat kezekben magassan föltartják,
Hogy az Almás vizében meg ne áztassák.

77.
Segétséget akarnak futóknak hozni,
De megy eleikben halálhozó Zrini,
Üvedzőig vizben kész lén begázolni,
Ottan kezdé őket keménységgel vágni.

78.
„Hová indultatok, ti nyomorult ebek?
(Igy kiált szigeti kapitán töröknek),
Hiszen, lám, magam is tihozzátok mégyek;
Itt vagyok, tovább engem ne keressetek."

79.
Hamar kü esik ott, hon az ég zörrenik:
Zrini ez szók után hamar rájok esik,
Ott tüle Kurt aga egy sebbel öletik,
Az másikkal Toigonnak feje vétetik.

80.
Nincs oly demecki kard, ki ketté nem törik,
Zrini keze előtt ott sok fej elesik;
Mintha csak nád között ő járna, ugy tetszik,
Mert fut az sok török, hull és sebesedik.

81.
Már halmok előtte vannak holttestekbül,
Az Almás vize is megtódult ezektül,
Minden kicsin csöp viz áll fekete vérből;
Futnak az törökök futó vezérestül.

82.
Oszmán az hamar lovát általusztatá,
Harctol is az Zrinit az éj elválasztá.
Seregét szépen öszvecsoportoztatá,
Lassan Sziget felé vélek elindula.

83.
De vitéz Deli Vid általment az vizen,
Az törökök hátán, s többre halált viszen.
Ő eleiben megy Hamviván szerecsen,
Megesmerte vala Vidot szép fegyverén.

84.
Igyenetlen erővel ráhajtá dárdát,
Talála középben Vidnak nagy paisát,
Elveszté erejét, találván nagyobbat,
Földre megtompitván esék maga vasát.

85.
Ifiu Hamviván elijedt sziivében,
Nincs már reménysége fegyvertelen kézben,
Elfuta Vid előtt az szélnél könnyebben,
Bizik futásának nagy sebességében.

86.
De gyorsan utánna fut Vida kegyetlen,
Ennehány ugrásban eléré hertelen,
Igy szólla: „Látszik, hogy vagy álnok szerecsen,
Többet bizol lábadban, s nem fegyveredben.

87.
De nem használ néked hazádbéli futás,
Megszaggatja szüvedet mostan ez az vas."
Ily szók után lén rá erős dárdahajtás,
Kinek soha mássát nem látta ég magas.

88.
Acélos paizsát Hamviván föltartá,
De azt kemény dárda nagy vassal szaggatta;
Üvén Hamvivánnak nagy kerék kű vala,
Azt is porrá töré az halálos dárda.

89.
Bement hasában is, nem tartá meg háta,
Mert kedves életét magával kirántá;
Esik le Hamviván Vid előtt hanyattá,
Földben leszegezte Deli Vid dárdája.

90.
Gyorsasággal rá fut Deli Vid, s dárdáját
Kirántá hasábul, reá tévén lábát.
Meghallák törökök Vid kegyetlen szavát,
Török fölött állván igy nyitá meg torkát:

91.

„Kit haddal kerestek, ihon Szigetvárat,
Néktek ajándékozom szép Pannoniát;
De akarom, aztot mostan mérjed hanyatt,
Te szerecsen kölök, mérjed hosszaságát."

92.

Mint fene oroszlány megölvén prédáját,
Kevélyen fölette jártatja haragját,
Kegyetlen szemével nézi kinlódását,
Gyönyörködik vérben, usztatja nagy haját.

93.

Igy szintén Deli Vid holt török fölött áll,
Dárdája kezében mint nagy sugár töly-szál,
Jól látszik messzirül, mint egyenes kűfal,
Vigyáz, ellenséget hogyha máshun talál.

94.

Hamviván fegyverét békével levévé,
Arannyal varrt üngét is magára vévé.
De Kamber sokáig eztet el nem türé,
Igy hangos torokkal seregnek üvölte:

95.

„Haj, szégyenvallottak! Ti vagyok vitézek?
Igy mutatunk szégyent első nap Szigetnek?
Vitéz hólt Hamvivánt jól látja szemetek;
Egy ember megölte, ezt ti ölettétek.

96.

Holttestét fosztani ti megszenveditek,
És rajta tombolni az kaurt nézitek,
Hon van most az ti dicseködő szüvetek,
Hon van otthon hányott-vetett vitézségtek?

97.

De megjövendölte ezt az nagy Menethám,
Mikor ezt az fiát küldte török hadban,
Sokszor bő könyvével kiáltott bucsuzván:
»Őrizd magad fiam, szép fiam, Hamviván!

98.
Ne bizd el magadat török barátságban,
Sok nép, sok vitéz csalatkozott abban;
Nem segét meg téged soha török harcban,
Higy néki, de nem térsz soha Siriában.«

99.
Sokszor önhozzám is nagy király kiáltott,
Nékem fiát ajánlván sürün ohajtott:
»Kamber, édes szolgám, vezessed fiamat,
Mellyet török hadban kedve elragadott!«

100.
De nem kivánhatom én megtérésemet,
Hanem uram mellett elvesztem éltemet,
Menethám meglátja az én hüségemet,
Noha immár későn, nagy igaz szüvemet."

101.
Ezt mondá, s nem többet; s szolgájátul dárdát
Kirántá, s keresi az Zrini hadnagyát.
Nem fél az Deli Vid, de merén dárdáját
Nagy kezében tartja s neveli haragját.

102.
De az Kamber szaván egész török sereg
Ki-ki maga szüvében búban mozdúlt meg,
Egyszersmind Deli Vidot köröskörül vék,
Ugyhogy kezén kivül nincs semmi reménség.

103.
De Vid, mint küszikla, áll az habok között,
Vitézséggel tartja maga az hadfölyhőt,
Nagy fegyver-szélvésszel kemény pajzsa megtölt,
Nyil, dárda, szablya jár sürün feje fölött.

104.
Mint az sivo ördög, Kamber Vidra megyen,
Azért, hogy uráért rajta boszut tégyen,
Siriai nádat ráhajtá keménnyen,
De csudával látá eltörve az földön.

105.
Kurt aga jó tőrrel megsebesétette,
De csak alig fejét megvéresitette,
Ibraim az szablyát Vid paizsán törte,
Ali Kurt kopjával oldalban ütötte.

106.
Kamber hüvelyébül ismég ránta szablyát,
Kegyetlenül üté Deli Vid sisakját,
Akkor az Deli Vid hozzá hajtá dárdát,
De dárda nem tevé ura akaratját;

107.
Mert Kamber elugrék, de nem jár üressen
Az kegyetlen somfa, hanem kegyelmetlen
Esék Zizim agának közé mellyében,
Kiért élte eloszlék levegőégben.

108.
Zizim földön fekszik idegen seb miát;
Kirántá Deli Vid emberölő szablyát,
Egy sebbel megölé haragos Kurt agát,
Az másikkal Kambert, Hamviván szolgáját.

109.
Kamber kedves halállal ura mellé dült,
Sok véres csuklásban élete elröpült,
Vérétül s hüségtül egyszersmind teste hült;
Nálánál hüvebbet soha anya nem szült.

110.
Talál utat Vida magának szablyával,
Mint az emésztő tűz merre megyen lánggal,
Ugyhogy ő közülök kijütt már haraggal,
Ballag az viz felé, lustos vérrel s porral.

111.
Nem mennek utánna az török seregek,
Sőt inkább közülök hogy kiment, örülnek;
De ő gondolkodva indula az viznek,
Hogy közülök kijütt, tartja azt szégyennek.

112.
Háromszor megállott az Almás patakban,
Vissza rájok menjen, gondolja magában,
De meglátá Zrinit, hogy vagyon csoportban,
S hogy mindnyájan rá vannak várakozásban.

113.
Fegyverestül ugrék hináros Almásban,
Almás penig ütet viszi maga hátán,
És lemosá róla pogány vért folyásban,
Ugy küldé urához s társaihoz tisztán.

114.
Eggyüt jó Zrinivel bemene Szigetben,
És vannak vitézek minnyájan örömben;
Vid gyönyörködik Hamviván fegyverében,
Mely sirus királynak fia volt éltében.

115.
Háromezer lovas veszett ebben harcban,
Ötszáz jancsár hever az Almás patakban;
De mindnyájok fölött nagyobb kár Hamviván,
Mely Vid dárdájátul fekszik földet rágván.

**Pars septima**
*(Hetedik ének)*

1.
Minekutánna már szép hajnal szekere
Mindeneket inditott gyönyörüségre,
Szép fülemilét keserves éneklésre,
És szigeti vitézeket nagy örömre,

2.
Eljöve az gyors hir császár táborában:
Zrini Oszmán basát megverte nagy harcban,
Életét s fegyverét elveszté Hamviván,
Elveszté kedves fiát basa Murtuzán.

3.
Esék ez fülében az vad Demirhámnak,
Kiért szüvét ereszté sértő bánatnak,
Esztelen szaggatja ruháját magának,
Mintha használhatna aval Hamvivánnak.

4.
„Hova hagytál engem, Menethám nagy fia?
(Mert ez volt atyjának igen nagy barátja,
Kegyetlen torkával Hamvivánt kiáltja),
Miképpen történt ez, ment lelked föld ala?

5.
Ezt igértem-é én az én barátomnak,
Siriai királynak, az te atyádnak,
Hogy magamtul harcon tégedet elhagyjalak,
És kaur kardjának prédául adjalak?

6.
De ki vétkes ebben? Csak magad esztelen,
Hogy közülünk elmenél illyen véletlen,
Nem tudta ezt senki az te seregedben,
Csak te szolgád Kamber, az is szerencsétlen.

7.
De Hamviván lelke légy nékem irgalmas,

Mert éretted lészen hamar boszuállás,
Hohárodnak lelkét megészi ez az vas,
Esküszöm Mahometnek, kit tart ég magas.

8.

Te véres szüvedet Menethámnak viszem,
Bánatját lágyitsa noha ugysem igen,
Tehát boszut állok az egész Szigeten,
S valahol találok, minden keresztyénen."

9.

Illyen szókkal ballag Demirhám császárhoz,
S mihent közel juta császár sátorához,
Megesmeré császár szemén, hogy rosz hirt hoz,
Demirhám igy kezde szólni Szulimánhoz:

10.

„Mi itt heában hevertetjük magunkat,
Amott szigeti bán megverte hadadat,
Megölték kaurok Hamvivánt, társomat,
És Murtuzán fiát, s Oszmánt meggyalázták.

11.

Padisahom, avagy eressz el magamat,
Hadd töltsem ki rajtok haragos boszumat,
Avagy te magad is hozd el táborodat,
Ronts el az hitetlen pogány kaurokat."

12.

Demirhám dühösségét császár esmerte,
Azért megrivogatni ottan nem merte.
„Ihon most indulunk, néki azt felelte,
Társod volt Hamviván, állj boszut érette."

13.

Azért megindula Szulimán táborral,
Igen hadviselő okos rendtartással;
Ére Szigetvárhoz ugyanazon nappal
délután két órakor nagy táborával.

14.
Szigetvár bástyáját Zrini szintén nézte,
Meglátá meszirül, magát fölvitette
Iszonyu sürü por, s megy égbe keverve,
Ugyhogy eget-földet mind besötétötte.

15.
Meglátták későre osztán sok törököt,
Szinten mint levegőben az sötét fölyhőt.
Beburétva vagyon sokaktul mert az föld,
Mintha hegy mozdulna az sik mező fölött.

16.
Az seregek fölött magas por csavarog,
Alattok rettenetességgel föld robog;
Sok ezer vörös zászló az széllel lobog,
Gondolnád, tenger is hogy most reád forog.

17.
Megszálla vár körül világrontó tábor,
Mint szintén az Dunán az jéges sürü sor.
Mindenütt fejérlik sok számtalan sátor;
Senkitül ő nem fél, erejében bátor.

18.
Császár köröskörül megnézé az várat,
Azután maga is egy halmon túl szállott,
Akkor egész tábor Allahü kiáltott
Egymás után háromszor, messzi megállott.

19.
Az egész jancsárság elrendölt seregben,
Puska mindeniknek kártévő kezekben;
Ezt minnyájan kilövék az magas égben,
Császár jövéséért vannak nagy örömben.

20.
De az ágyukat is egyszersmind kilüvék,
Azt tudnád, leszakad reád az magas ég;
Alol az föld robog, repedez mint egy jég,
Sziget bástyája is féltébül mozdul meg.

21.
Meghagyá Zrini Miklós pattantyusoknak,
Ágyubul köszöntést töröknek adjanak.
Legelső Csontos Pál egy végét kanotnak
Gyujtólikához tevé farkaságyunak.

22.
Gyorsan rettenetes pattantyu kisüle,
Török tábor felé golybisát küldé,
Az láthatatlanul sereg közé jüve,
Rettenetös halált ő közikben vive:

23.
Mert elöltalálá jancsár-aga fejét,
Mind patyolatostul elrontá életét,
Utánna egy röndben harminckilenc testet,
Keménységgel rontá vitéz törököket.

24.
Örül az Csontos Pál, hogy aztot meglátta,
Törököknek bástyárul hanggal kiálta:
„Ihon van az jól jütt bilikum pohára.
Majd neki is adok, az ki meg nem itta.

25.
Szigetvárbul lesznek illyen köszönetek:
Erős gyomrotok van, megemészthetitek.
Nem jüttök Szigetben, ha nem isszátok meg,
Zrini egésségéért, álnok török ebek."

26.
Az másik lövéssel Pál Aigas basának
Lovát elszaggatá és pécsi Dézdárnak
Az mellyét, és renddel huszonhárom másnak;
Hevernek az földön, s lelkeket kifuják.

27.
De harmadik lövést nem merék megvárni,
Sietnek szállásra ki-ki eloszlani;
Némellyik nem tudja magáét találni
Nagy ijedésében, s nem mér megállani.

28.
Két lövéssel nagy kár esett az törökben;
Sokkal nagyobb történék mostan Szigetben,
Mert Farkasics Péter régi betegségben
Késziti nagy lelkét Isten eleiben;

29.
S csak azon törődik, hogy ágyon halna meg.
Esztelen, akaratját élő Istennek
Panaszolkodással nem fordithatja meg.
Ő vitézek előtt igy panaszolkodék:

30.
„Hej, hej, én fátumom, mely igen kegyetlen!
Ettül mindenkoron szüvemben rettegtem,
Dicséretlen ágybul hogy éltemet küldjem
Mindenható kegyelmes Isten kezében.

31.
O, százszor boldogok, kik hazájok mellett
Vitéz módra letették kedves élteket,
Szerencse penig azért tartott engemet,
Hogy haszontalanul fogyassam éltemet.

32.
Ah szerencsétlen én, el nem tudtam veszni,
Hon kedves halállal megholt nagy Losonci,
Hon fekszik Rácz Milák és Farkas Bottyáni,
Vitéz spányor Perez, öreg Kastelánfi!

33.
De nem tudtam-é én nagy Dragut kezétül,
Vagy kegyetlen Akomat jó fegyverétül
Megfosztatnom ettül unalmas éltemtől?
Ihon most meg kell halnom dicséret nélkül!

34.
Mikor megnyomattam egyszersmind husz nyiltul,
Mikor földre estem Gyafer csidájátul,
Mikor agyon üttettem Rahmat botjátul,
Éltem megmaradott s most megy el ágyambul!

35.
De jól van, ha ugy van, mint Isten akarja;
Gyakorta szolgáját keménnyen sujtolja,
Azért hogy mennyekben szebben koronázza,
Szenvedéséért bőven ajándékozza.

36.
Ihon, vitéz barátim, mostan meghalok,
Néktek jó szerencsét Istentül kivánok,
Egekben értetek jó Istent imádok,
Vitézek legyetek, most Isten hozzátok!"

37.
Igy Farkasics Péter végezé életét,
Az Istenhez küldé vitéz tiszta lelkét.
Siratja jó Zrini ő kimenetelét;
Igy nagy fohászkodva elkezdé beszédét:

38.
„O, forgó szerencse, átkozott, kegyetlen!
Miért ragadád el ez vitézt hertelen?
Az mi nyavalyánknak ez volt hea szintén
Hogy ne légyen Farkasics mostan eleven.

39.
O, élet, mely hamar ez világbul kitünsz!
O, rövid élet, tülünk mely gyorsan röpülsz!
Mikor inkább kellenél, akkor te megszünsz,
És, mint harmat nap előtt, egyszersmind eltünsz.

40.
Mint harmat nap előtt, mint hó az tüz előtt,
Mint álom előttünk, mint füst az szél előtt,
Vagy sebes forgószél mint hajtja az fölyhőt,
Ugy tünsz el előttünk s kivánságunk előtt.

41.
Csusz haszontalanul rút kigyó az réten,
Semmit nem törődik unalmas vénségén,
Ű megifiadik, mikor jün kedvében,
Elveti vén bőrét s megifjul testében.

42.
Ember penig, az ki isteni formára
Meg van ékesitve, Isten-ábrázatra,
Hogyha elérkezik utólsó órára,
Nem tér s meg nem ujul, de mégyen halálra.

43.
Megvénheszik az föld, elveszti szépségét,
De ujul, ha éri kikelet idejét;
Az nap elvégezi estve ő menését,
De megujul reggel, kihozván szekerét:

44.
Csak maga egyedül az nyomorult ember,
Az ki gyors vénségérül soha meg nem tér;
Örök folyásában van az fris forrásu ér,
Emberben peniglen soha nem ujul vér.

45.
Viz, tüz, föld és nagy ég tartanak sokáig:
Ember, ezek ura, egy szempillantásig;
Kűfalok, nagy tornyok sok száz esztendeig:
Ember, ki csinálta ezeket, óráig.

46.
Csak egy van, ki megmarad koporsó után,
Az mely megmutatja magát világ fogytán:
Jószágos cselekedet, nagy öröksége van,
Ujul mindenkoron halhatatlan voltán.

47.
Ujul hát, Farkasics, az te vitéz neved,
Noha az nehéz föld befödi testedet.
Cselekedeteddel az halált meggyőzted,
Most Isten jobb kezén van gyönyörködésed.

48.
Ottan fizetődik most világi munkád,
Vigan nézik angyalok sebeid nyomát;
Ottan, mely véredet hazádért hullattad,
Örök boldogságodra szentek fordétják."

49.
Igy Zrini Farkasicsot eltemetteté,
Osztán gondot visel várra mindenfelé;
Szigeti vitézek vannak csendességbe,
Mindenütt bástyákon nagy gondviselésbe.

50.
Török megszállott volt már mind köröskörül,
Mindenütt sok török szép üdőnek örül;
Csak maga Szulimán nagy gondokban őszül,
Bán merész szüvéjért nagy félelemben hül.

51.
Nem késik sokáig szigeti vitéz bán,
Bátorodik szüve ellenségét látván;
Mint az rettenetös örméni oroszlán
Kijön barlangjábul, ottkinn fegyvert látván:

52.
Igy Zrini Szigetbül törökökre megyen,
Erős emberölő van dárda kezében,
Mozgatja gyönge szél strucctollát fejében;
Ötszáz vitéz utánna megyen szép rendben.

53.
Megfordult hozzájok, igy szólt seregeknek:
„Halljátok, mit mondok, ti erős vitézek,
Első nap, első harc lesz most előttetek,
Ma félelmet tennünk kell török ebeknek.

54.
Ma török császárral mi megesmértetjük
Mi szüvünk, mi kezünk, micsodás fegyverünk.
Ma rettenetessé kell magunkat tennünk,
Azért, vitéz szolgáim, emberek legyünk."

55.
Kevés szókkal nagy bátorságot bán ada
Vitéz seregének, mely csak alig várja,
Hogy törökkel szemben hamarább juthatna,
Ha illenék, harcra sebességgel futna.

56.
Nem messzi az vártul Ali Kurt fáradoz,
Minden készülettel vagyon sánc-ásáshoz.
Rusztán, császár veji, ötezer jancsárt hoz,
Letelepété nem messzi Ali Kurthoz.

57.
De Stipán Golemi, jó Zrini hadnagya,
Megy vitézek előtt ott elöljáróba,
Nagy bátorsággal üt számtalan asapra,
Az kik sáncot ásnak, eggyütt jancsárokra.

58.
Sok török elesék az száz gyalog miát,
Mert nem lüvi heában egy is puskáját,
De rendben jancsárság mint fal veri magát,
Késziti fegyverét, puskáját s kanotját.

59.
Rechep jancsár-aga legelső sereget
Viszi Stipán vajdára, tüzes fegyverét,
De Stipán Golemi tüle meg nem ijedt,
Nézi ellenségét s mint töll áll szél előtt.

60.
Török esztelenül kilüvi puskáját,
Stipán megszemlélte Rechep jancsár agát,
Bátran reá vivé kétélő pallosát,
Azt fejéhöz üté, vágván patyolatját.

61.
Két vállára esik két felől az feje,
Nagy zörgéssel esék, maga is az földre,
De Stipán kezétül több is mellé düle,
Mert Abazt, Benavirt s Musztafát megölé.

62.
Rustán bék megindult ötezer jancsárral,
Az hol Stipán vajda kárt tészen pallossal.
Zrini Goleminak négyszáz jó szablyával
Idején segitséget hoz rendtartással.

63.
Az kit az Uristen meg akar tartani,
Százezer között is meg fog az maradni.
Ötezer puskátul nem lehete halni
Senkinek seregbül, melyben volt jó Zrini.

64.
Mihent füst eloszlék, nagy rivalkodással
Rustán vezér megindult sok jancsársággal;
Az ötezer ember három seregben áll,
Kegyetlenül öszvekapa bán hadával.

65.
Legelső, nagy horvát Radivoj, te voltál,
Ki pogány török vért szablyával ontottál,
Ledült teelőtted kegyetlen halállal
Pervisz oda-basa, ki volt mind jobb s mind bal.

66.
De gyorsan Juranics Lőrinc ő utánna
Achomát barjaktárt szablyával levágá;
Fekszik Zrini előtt tizenöt már halva,
Török testen fölöl jár vérben gázolva.

67.
Arszlán, Rustán öcse, Zrinit megesmeré,
Dárdával őreá merészséggel mene,
Eltörék dárdája, s heában az földre
Esett, mert paizsban ütközött az hegye.

68.
Gyorsan kardot ránta az ifiu Arszlán;
Eleiben tartja paizsát horvát bán,
Felvett már két csapást, de többet nem várván,
Hozzá csap szablyával, jóságában bizván.

69.
Kegyetlen szablyával mellyét ketté vágá,
Az eleven szüve benne mozog vala,
Ő meghalaványodék, mint szép viola,
Zrini lába előtt esék hanyatta.

70.
Megnyitott mellyébül piros vért okádik,
Élete halállal testében küszködik,
Végre az haláltul élte meggyőzetik,
Szélles uton lelke testébül kibujik.

71.
De Szanzak Benavir ettül meg nem ijedt,
Kezében markolá kemény hegyes tőrét,
Oda megy, hon rontá Zrini Arszlán béket,
S ily kevélyen kezdé előtte beszédét:

72.
„Kibujtál likodbul, hamis álnok róka,
Oda már meg nem térsz, noha esszel rakva.
Futáshoz termett lábod, ez koporsója
Lesz álnok testednek, s ez utolsó óra.

73.
De micsodás kinnal öljelek tégedet?
Arszlán haláláért eleven szüvedet
Kevés lészen rágnom, avagy az ebeket
Véle jól tartanom, megrontván testedet.

74.
De ihon hohárod tenéked ez lészen,
Ez érdemes büntetést szüvedbül vészen."
Ily szók után Zrinire megyen mérgessen,
Hozzá szur, de Zrini elugrik hertelen.

75.
„Talán jobb csapás ez, ki jün én kezembül,
Mert keményebben, és jün is jobb embertül."
Igy felele Zrini, szablyáját vitézül
Derekában vágván, s vérét látván, örül.

76.
Leesik Benavir, s lelke torkán hörög;
Estében fegyvere iszonyuan zörög.
Ihon szaladáshoz termett kéz, eb török,
Földre lefektetett, s itt feküdjél örök.

77.
Nem henyél Deli Vid, látván vitéz urát,
De az sok törökben eltörte dárdáját,
Fekszik ő előtte Kajradin Kajrakat,
Megölte Huszaint, Alt, Cefert, Musztafát.

78.
Itt bátorságot vett az keresztyén sereg,
Az török peniglen félelemtül lézeg.
Joza Pál életét elvévé Bichirnek,
Penezics Ábrahám Nuhnak s Derielnek.

79.
Tamburás Istók is Toigant földre veté,
Erős Dandó Iván Ibrahimt megölé,
Barjaktárt Juranics puskával meglüvé,
Aranyas zászlóját kezébül kivévé.

80.
De nem tudom, Demirhám honnan érkezék,
Mert harcrol kiáltás fülében beesék;
Gyorsan az harcolók közikben férkezék,
Látja, hogy törökök az futáshoz készek.

81.
Tamburás Istóknál török zászlót láta,
Mert ennek Juranics, hogy hordozza, adta.
„Nem néked, kaur eb, való szép barjakta!"
Messzirül Istóknak Demirhám kiáltja.

82.
Eggyüt illyen szókkal hozzá ránta kardot,
Amaz ijedtében elhajtá az zászlót.
Őnéki is kezében szablya akadott,
Igyenetlen kézzel hozzá üté aztot.

83.
Felvévé az csapást Demirhám szablyával,
Ugyan hozzá vágott azon fáradsággal,
Mellyén és oldalán egy nagy sebet csinál,
Azon élte kimégyen s száll belé halál.

84.
Demirhám lovárul zászlóért leszállott,
De mihent meglátá tollas Deli Vidot,
Könnyen, mint egy evét, ismeg lóra ugrott,
Más töröknek adta kezében az zászlót.

85.
Ez az a Demirhám, ki minap Szigetben
Vala Zrini előtt ollyan keménységben.
Most ismeg csidát vett kártévő kezében,
Bizonit keménységet cselekedetiben.

86.
Mint az mérges sárkány, Vidra rugaszkodék,
De ártalmas dárda paizson eltörék.
De az Vid pallosa ló fejében esék,
Kiért halva földre urastul leesék.

87.
Ismét könnyen Demirhám, mint az fris menyét,
Földön hagyá lovát s kivonyá fegyverét,
Megyen Deli Vidra, nézi bátran szemét,
Mintha nem is látná máshun ellenségét.

88.
„Mit készülsz sokáig?" Deli Vid azt monda,
„Lám, vártalak addig, mig cühödöl vala
Az ló alol: van kezemnek máshun dolga,
Nem csak veled." Demirhám ily választ ada:

89.
„Károddal serkengetsz magadra engemet,
Azért, hogy nem esmérlek, nézlek tégedet,
Talán Deli Vidnak mondanak tégedet,
Az ki Hamvivánnak elvevéd életét.

90.
De te akarki légy, több gondod nem lészen,
Ma mert én kezem néked eleget tészen,
Kardom török vérért rajtad boszut vészen,
Azért ily kis üdőt szüved ne resteljen."

91.
"Én vagyok Deli Vid," felele az másik,
"De miért karátyolsz, szájad nyelveskedik?
Az én kezem miát Hamviván ott fekszik,
Majd ugyan ez miát fejed földre esik."

92.
Demirhám, mint ördög, hogy eztet meghallá,
Hogy ez keze miát lett társa halála,
Nagy demecki kardot kezében ragada,
Ugy megyen dühösséggel nagy Deli Vidra.

93.
Mint két haragos libiai oroszlán,
Öszvetalálkozván az nagy széles pusztán,
Próbálják körmöket egymás szőrös hátán:
Ugy két vitéz tészen Szigetvár határán.

94.
Demirhám haraggal s dühösséggel nagyobb,
De vitéz Deli Vid igaz hüttel bátrabb;
Nem enged egymásnak, szikráznak az kardok,
Magokon merő vas nagy messzirül ragyog.

95.
Török két csapással Deli Vid paizsát
Darabokra rontá, de török sisakját
Deli Vid eltöré, mert szablyája lapját
Üté az sisakhoz, megsérté homlokát.

96.
Ezek igy harcolnak, de az több seregek
Erős Zrini kezétül megfélemlettek:
Benavir serege legelső futamék,
Utánna Arszláné, urokat elveszték.

97.
Megindult Rustan is, megijedt ily dolgon,
Nem gondol, öcséjért Zrinin boszut álljon;
Űzi az törököt Zrini magok nyomon,
Mindenütt keresztyén szablya van hátokon.

111

98.
Űzi, de okossan, mert messzirül láta,
Hogy sok ezer lovas jün az ő kárára,
Mert vitéz Delimán, nagy tatár hám fia,
Mint oroszlánykölök jün Zrini hadára.

99.
Bán az nagy sokaságot mikor meglátá,
Elszélledt seregét ottan öszvehajtá,
Mert immár szép nap is lovait elhajtá
Oceánum tengerben, sötét is vala.

100.
Rustán alig szaladt sok gyalogságával,
Ha Delimán nem jütt volna lovasokkal.
De harcol Demirhám most is Deli Viddal,
Nem árthatnak egymásnak semmit szablyákkal.

101.
Mikor sötét vala, Demirhám igy szóllal:
„Mi itt, mint az vakok, törjük bolondsággal
Heában magunkat, s nem árthatunk karddal
Egymásnak; nem jobb lesz-é harcolnunk nappal?

102.
Nappal akkor munkánkat az irigy sötétség
El nem titkolhatja, mert meglátja nagy ég,
Meglátja Szigetvár, és az török sereg,
Micsodás boszut áll rajtad Demirhám bék.

103.
Azért esküdjél meg nékem az Istenre,
Én is megesküszem Mahomet hütire:
Hogy te is viszatérsz, én is, erre helyre,
Mihent néked, nekem is módunk leszen benne.

104.
Mert sötétség miát most nem harcolhatunk,
De hiszem, még lehet alkolmatosságunk,
Mert tudom, ily hamar innen el nem válunk,
Valamig tikteket falbul ki nem vájunk."

105.
Felel az Deli Vid: „Képes beszédedet
Szeretném, de énnékem módom nem lehet,
Hogy bizonnyal tudnám kijüvetelemet,
S mint tegyem ki nagy had ellen életemet.

106.
Bár elhidd aztot, ha bizonnyal tudhatnám,
Hogy maga ellenségem lenne Demirhám,
Soha én előtte fal közé nem bujnám,
Hanem erdőn, mezőn, mindenütt megvárnám."

107.
„Ne félts, Deli Vida, mástol életedet,
Mert hozok tenéked császártul levelet,
Demirhám csak maga lészen ellenséged,
Szulimán beköti igaz török hitét.

108.
Igy halálos veszélyre megalkuvának.
Azután egymástol hamar elválának,
Mint két erdei kegyetlen fene bikák,
Kik szarvokkal egymásnak árthattanak.

## Pars octava
### (Nyolcadik ének)

#### 1.
Ihon jün szárnyas lovon szép piros Hajnal,
Mosódik zablája fejér tajtékjával,
Az ló fekete volt, de szebb Pegasusnál,
Orra likjábul tűz, szemébül jün halál.

#### 2.
Kis fejér patyolat magának fejében,
De az ű orcája van nagy fényességben,
Ő maga öltözött arany páncér-üngben;
Két szál hebánum csid van fényes kezében.

#### 3.
Minden kis veréték, mely lórul csöppenik,
Szép gyönge harmattá az földön változik;
Előtte sötétség nagy futással oszlik,
Körülötte az ég messzirül tündöklik.

#### 4.
Ifiu orcával mindent megvidámit,
Ő földbül virágot szépségével indit,
Ő fülemilében keserves torkot nyit,
Ő forrást, ő folyást, erdőt, mezőt ujit.

#### 5.
És mikor érkezék Szigetvár föliben,
Esék ily kételködő elmélkedésben:
„Ihon mennyi holttest fekszik ebben helyben.
Nagy levegő eget elveszt büdösségben.

#### 6.
Vallyon ki keze munkája ez lehetett?
Talán itt döghalál, vagy sárkány lehellett?
Elvesztette magyarnak gyönyörű földét:
Talán mérges Python ismég fölébredett?

#### 7.
Ha az, majd leszállok földre magas égbül,

Két hegyes dárdámmal megmentem mérgétül
Sárkánnak magyarokat, s veszedelmétül.
De, igy tetszik, tábort látok amott szélrül.

8.

Ah, hitetlen törököt látom mezőben!
Ezt jobban sárkánnál gyülölöm szüvemben.
Haj, hitetlen ebek! Ha volna erőmben,
Mind elvesztenélek haragos kedvemben.

9.

De jól van, mert látom, nem igen örülnek,
Sőt sürü sirással égben üvöltenek.
Ne adj, ne adj szerencsét, Isten, ezeknek!
Engedd, magyar kéztül fottig elvesszenek.

10.

Áldott légy, jó Zrini, ki igy őket rontád,
És hitetlen testeket halomban rakád,
Ugyanis tetüled vár minden jót hazád;
Ezért, és jó hirért, éltedet te ne szánd."

11.

Szulimán de őszül az széles táborban,
Szüve gondokban hül és nagy busulásban.
Zrini megmutatta már kétszer két harcban,
Tovább mit reménlhessen Pannoniában.

12.

„Mit várjak már tovább (igy kezd panaszolni),
Kiben bizhatom én, s kinek kelljen hinni?
Ihon atyám lelke kész lőn engem csalni,
Mondta, hogy Szulimán Szigetben fog lakni.

13.

Kevés volna, engem ha csalt volna atyám:
Hazudott előttem Mahomet prófétám,
Hogy kezemben lészen az szép arany almám,
És világot birja alattam muszulmán.

14.
Ihon én meggyőztem az egész világot,
Ő sirván, ohajtván hozott nékem adót,
Hatalmas fegyverem világon országlott,
Hon feljütt, hol lement nap, kardomtul tartott.

15.
Rettegött előttem az nagy Károly császár,
Elveszett kezem miát Uluduveidar,
Szélös Aegyptomban nékem esett kis kár:
Hányad része azoknak ez az szarkavár?

16.
Világbiró császár Zrintül győzettettem,
Ihon minden erőmet rá vesztegettem,
Ihon az jancsárság, rettentő seregem,
Elvész keze miat egyszersmind előttem.

17.
Nincsen Demirhámnál vitézebb világon,
De mit ártott Zrininek már az két harcon?
Fekete hamviván fekszik Almás-parton,
Nagy eszü Rustán mint járt tegnapi napon?

18.
Lásd tatár hám fia, haragos Delimán,
Azt gondoltuk róla, hogy sivó oroszlán,
Elvész bátorsága, ha kijün horvát bán,
Nem siet oda harcra, az hol Zrini van.

19.
Hej, hej, csak te ne volnál, vitéz Zrini bán!
Ha rád nem botlottam volna hadakozván,
Szintén, mint nagy Sándor, nagy volnál Szulimán,
De lá, mint kell vesznem, magamat itt rontván!"

20.
Világrontó Szulimán szüvét igy törte,
Okos fő tanácsiért gyorsan elkülde;
Szokolovics Mehmet ezeket meggyüjté,
Császár sátorában renddel leülteté.

21.
De császár leülni nem akar közikbe,
Hogy változást rajta senki ne esmérne,
Egy röjtök sátorbul dévánt titkon nézte,
Szokolovics Mehmet beszédét igy kezdte:

22.
„Vitéz urak, hadverő bölcs fejedelmek,
Világ határirul való béglerbékek,
Ti basák, ti békek, ti okos vezérek,
Kik most ebben helyben dévánra gyültetek!

23.
Az hatalmas császár, szultán Szulimán chán,
Kinek az hold szolgál, kinek birtoka van
Tengeren és vizen, ki az ég alatt van,
Élni tanácstokkal ebben helyben kiván.

24.
Kivánja hallani azért titületek,
Mi mód kelljen veszni ennek az Szigetnek
Kár s török vér nélkül, és hogy az üdőnek
Hosszasága ne ártson ő nagy hirének.

25.
Mindenitek tetszését megirván, hatta,
Hogy vigyem kezébe, és ő hogy meglássa,
Mit kellessék legjobbat török hasznára
Cselekedni ebben kaur-rontó hadba.

26.
Hogy emlékeztesselek, megparancsolta,
Erre nem legkissebb tanácsnak falkára
Tikteket, hogy jüttünk legvitézb kaurra,
Ki kardot világon övedz oldalára.

27.
Ezt hatalmas császár méltónak itélte,
Maga személyével légyen ellensége;
S jó hir koszoruját, mely győzésbül kötve,
Zrinin s Szigetváron eztet vigye végbe.

28.
Senkit azért, vitézek, az vakmerőség
El ne ragadjon, és meggondolt vitézség,
Mert Zrini horvát bán ollyan ellenség,
Ki ellen lesz káros oktalan sietség."

29.
Igy végezé szovát Szokolovics Mehmet.
Rustán, császár veji, elkezdé beszédét,
Ő ül vala első nagy kajmekán mellett,
Méltósággal fordétá mindenre szemét:

30.
„Itt, hon világ virágja öszvegyüjtve van,
Sok bátor szüvü ur, minden forgott hadban,
Hol hatalmas császár maga fejével van,
Erőtlen én eszem illyen nagy tanácsban.

31.
Ki világot megbirta okos erővel,
Nincs szüki tanácsra ily, mint én, vezérnél;
De minthogy parancsol, mit érek elmémmel,
El nem titkolom én, tiszta ép szüvemmel.

32.
Mert oly helyen vagyunk, az hol az titkolás
Nékünk és császárunknak lehet ártalmas,
Első vétkünk után lehet nagy kárvallás,
Legyen messzi az én szómtul prófétálás.

33.
Itt van az az Zrini, melynek széles hire
Még tengeren túl is érkezett fülünkbe,
Igaz-é vagy hamis az ő vitézsége,
Nem tudom, elég az: népek közt van hire.

34.
Hirrel viseltetnek az hadakozások;
Nem, mint mi gondoljuk, szók legkissebb dolgok,
Ettül rontattatnak hatalmas táborok,
Evel vesztnek, nyernek világi császárok.

35.
Mi penig semminek gondolván ezeket,
Sánc nélkül, vakmerőn szállottuk Szigetet,
Napvilággal alá hoztuk seregeket,
Nem tartván istrázsát, sem titkos kémeket.

36.
Igen megfizettük vakmerőségünket,
Mert ezen az mezőn hullattuk vérünket;
Igen bűven most is látjuk holttesteket,
Látjuk Almás vizét, forgat embereket.

37.
Ki nem csudálná tanácstalan dolgunkat,
Mi miképpen elbiztuk mostan magunkat,
Nem nevethetnénk-é Ali Kurt próbáját:
Sziget alá vinni mert kétezer szablyát?

38.
Nem volt Oszmán basának az hivatalja,
Hogy tizezer lovassal várat megszállja;
Őtet azért küldték, hogy mezőt prédálja,
És eledelt Szigetben vinni ne hagyja.

39.
Esztelent vakmerőség nézd, hová vivé,
Sziget vára alatt hadát telepété,
Hid nélkűl hada közt az Almást ereszté,
Jobb részét hadának gyalázattal veszté:

40.
Sok Oszmán basával elől elment lopva,
Gondolták, Szigetben befutnak száguldva;
Elveszett Murtuzán basának szép fia,
Megölte Hamvivánt Deli Vid csidája.

41.
Nem kell kétségben esettekkel játszani,
Harcolást ővélek el is kell kerülni,
Mert, mint dühös ördögök, készek kárt tenni,
Semmi erőtül nem tudnak ezek félni.

42.

No, ez már megvan, vegyünk kárunkbul példát,
Ne várjuk lábunknak második botlását:
Tartsunk tábor szélin vigyázó istrázsát,
Mert aluva megvalljuk bizony az kárát.

43.

Az mi penig várnak vételét illeti,
Sánccal köröskörül azt kell nékünk venni;
Ugy kaurok miránk nem tudnak kijünni,
Rövid nap kár nelkül fogunk benn örülni.

44.

Rontsuk el ágyukkal földdel tölt bástyákat,
Szárasszuk ki ásással vizes árkokat,
Lapát és golyóbis veszi meg várokat,
Vesztég ülve nézhetjük holt kaurokat."

45.

Ily szók után Rustán még helyére üle,
Másfelől tatár Delimán talpra kele.
Ennek teli méreggel haragos szüve,
Rustán ellen bátran osztán szólni kezde:

46.

„Akarnám, vitézek, tiz ország engemet
Innen választana, ne látnám ezeket,
És most ne hallanám illyen szégyenünket,
Okoskodni akarván beszélt ez mellyet.

47.

Nem illyen tanáccsal birta meg világot
Vitéz muszulmán vér, nem illyel ád adót
Az kaur töröknek; nap illyent nem hallott;
Azt mondja: vesztég ülve vegyük meg várat.

48.

Legjobb lesz: bujjunk el, vessük el kardunkat,
Hagyjuk veszni hirünket, vegyünk kapákat
Vitéz kezünkben: igy ront kaurokat
Győzhetetlen császár, igy vesz meg várakat.

49.
Hirrel viseltetnek az hadakozások
Tahát törököknek hirt nyernek az ásók.
Nem rókáknak, borzoknak Sziget szállások,
Az kit kivájhatnak mindenkor pór ásók.

50.
Bujjon elő ő maga, az ki fegyvertül fél,
Vesse el szablyáját, ki futó, mint az szél,
De az mi szüvünket, mely fegyverben reméll,
Nem látja földben ásva az a' fényes dél.

51.
Oszmán elvesztette bolondúl a hadát.
Tehát mi vallottuk annak gyalázatját?
Tegnap az bölcseség hamar adott hátat,
Minnyájan ollyanok ebben hadban tahát?

52.
Szabad légyen kérkedés nélkül mondanom:
Ki szabadétotta ezt tegnapi napon
Az Zrini kardjátul? Nem tulajdonitom
Én vitézségemnek, nem is annak mondom.

53.
Látta ravasz Zrini, ki előtt kell futni,
Kész volt Rustan béket az táborig üzni,
Delimánt nem akarta közzel megvárni.
Láttuk ezt minnyájan: ő is túd szaladni.

54.
Nem ásó, nem kapa az mi győzedelmünk,
Hanem rettenetes acélyos fegyverünk;
Evel Szigetvárát hamar porrá tesszük,
Evel nevelködik hirünk s vitézségünk.

55.
Ne kérdezd, hon megyek én Szigetvárában:
Hogyha kijün Zrini, én is ő nyomában
Bemegyek Szigetvárnak nagy kapujában;
Hozzon kapát, ásót, az ki bizik abban."

56.
Ily szókra Rustán szüve megkeserödött,
Ismég talpra álla az kajmekán mellett,
De vitéz Delimán nagy haraggal kiment,
Nem méltóztatik várni Rustán beszédét.

57.
Messzi Demirhámtul tanács rendi vala,
De mérgessen ő is kiáltván fölálla:
„Én is nem kapálni jüttem ez vár alá;
Ha az kell, én teszek szert ezer asapra.

58.
Bezzeg hasznos tanács, itt ülve henyélni,
Az ki vitézségét akarja veszteni,
Szintén igy kelletik néki cselekedni;
Akarjuk-é magunkat megnevettetni?

59.
Delimán jó tanácsát én is javallom,
És tovább ily gyalázatot nem hallgatom.
Ki szereti jó hirt, minket követ, tudom."
Ily szókkal Demirhám kiment sátorajtón.

60.
Rustán csaknem észi mérggel kezét, lábát,
Hogy ezek megnevetik ő jó tanácsát:
„O, balgatag nemzet!" fohászkodva kiált,
„Nem ember, de oktalan és dühös állat!

61.
Eredj, vedd meg Szigetet vitéz szablyáddal,
Dönts le az bástyáit haragos torkoddal!
Most látom, töröknek dolga veszőben áll,
Mikor bővelködik tanácsa bolonddal.

62.
De mit törődöm én más esztelenségén?
Jobb lesz vesztég ülnöm sátor kerevetén,
S csudálkoznom ezeknek nagy vitézségén,
Ha ugyan veszni köll dolgunknak, ám vesszen."

63.
Rustán az sátorbul haraggal kilépék;
Petraf, ki Gyulát megvévé, emelkedék
Talpra, s igy szólla az török vezéreknek,
Az kik várván Petráfra minnyájan néztek:

64.
„Ezt az bosszus szüvet, kit köztetek látok,
Szigetvár közepiben lenni kivánok,
Te tudod, Uristen, hogy hozzád ohajtok
Leginkább ily okért, s gyakrabban kiáltok.

65.
Kis dolgokat egyesség nagyra neveli,
Erőtlen jó kedvet magasra emeli;
De nagy s erősseket az földre leveri,
Hogyha egyenetlenség azokat éri.

66.
Mely nagy monárchiák csak ez miát vesztek!
Megártott Assiriának, görögöknek,
Meg rómaiaknak s más keresztyéneknek,
Az mellyek ez miát fottokig elvesztek.

67.
Az mi monárchiánk oly nagy és hatalmas,
Semmi külső erő nem lehet ártalmas;
De maga nagysága lesz néki unalmas,
Ha köziben férkezik rút visszavonyás.

68.
Csak egy példát hozok én mostan tinéktek,
Melyet nem régen látott az ti szemetek;
De ti abbul sokat eszben vehetitek,
S visszavonyást köztünk kárnak esméritek.

69.
Kalender Cselebi, Chás Bektas nemzete,
Miként Anatoliát fölzönditötte,
Tizezer dervissel ő megrettentette
Az egész Asiát, s csudássan keverte.

70.
Mit ártott őnéki sok szangyák ereje?
Hada nevelkedvén azokat megverte;
És hogy Ibrahim basa őtet meggyőzte,
Oka volt, véletlenűl életét veszté.

71.
Igen kicsiny ok volt, kiért Kalender ezt
Szerzette, törökök közt ártalmas szélvészt
Karamani - - - - - - - - - - - - - - - - - - - -
Visszavonyásával, s igy minden rajta veszt.

72.
Hát most mi, kik vagyunk ellenségünk szemén,
Nekünk minden dolgunk fekszik az ő szüvén.
Miket reménlhetünk, visszavonyás illyen
Ha lesz tanácsunkban, és ebben seregben?

73.
Az élő Istenért, tegyétek félre mast
Kiki maga szüvébül nagy visszavonyást!
Mindenik eszébe juttassa ezt bizvást:
Császárunk, tisztességünk velünk vagyon mast.

74.
Az mi penig Sziget vételét illeti,
Mindenik őmagában megesmérheti,
Hogy ha táborunknak nem lesz kerületi,
Könnyen török császár eztet elvesztheti.

75.
Hiszen farkas ellen csinál ember házat,
Mezőn esső ellen juhász is hajlékot;
Miért volna szégyen minekünk itt sáncot,
Ellenségünk ellen valami oltalmat?

76.
Mindeddig Zrini ellen harcolnunk kellett,
Valamikor őnéki kedvében esett;
Sokszor tiz-husz ember derekas lármát tett,
Egy dobütés egész tábor felültetett.

77.
Nem mondom én aztot, hogy harcra ne menjünk,
Hanem haszontalanul itten heverjünk;
Bizony nagy részét hirünknek elvesztettük,
Hogy visszanyerhessük, azon mesterkedjünk.

78.
Ha kijün Zrini bán valamikor harcra,
Mi is ne maradjunk akkor ebben sáncba;
De ne tanácstalanul, mert lesz kárunkra,
Hanem rendelt seregben menjünk ő reá.

79.
Ez az én tetszésem, de ha túd ki jobbat,
Mondja meg, nem gyujtja azzal haragomat;
Örömest is hallom más ember tanácsát."
Itt Petraf elvégezvén, leül és hallgat.

80.
Mindnyájan Petraf tanácsát helyén hagyák,
Ezt jónak, hasznosnak minnyájan kiálták;
Osztán, fejet hajtván renddel kajmenkánnak,
Sátorbul magok szállásokra oszlának.

81.
Az tatár Delimán császárhoz bemene,
Mert régen kéredzett, s néki igy beszélle:
„Vitéz töröknek hatalmas fejedelme,
Hallgasd meg, mi okért jüttem te elődbe!

82.
Az te tanácsodban látok csuda dolgot,
Sok van, az ki kiván inkább nyugodalmat,
Hogysem ellenségre bátran vonjon kardot,
Mert otthon megszokta kényes uraságot.

83.
Uram, vedd eszedben idején magadat,
Ne fogadd mindennek szüvetlen tanácsát,
Bizony kevés nézi maga gyalázatját,
Csak nyujthassa sokáig éltének hosszát.

84.
Vészem én eszemben az ellenség dolgát:
Hogyha elvesztik közzülök hat hadnagyát,
És Zrinit, horvát bánt, az ki mindent forgat,
Elvesznek minnyájan, s elvesztik az várat.

85.
Engedd meg, hogy hat erős vitéz közülünk
Zrinit s más ötöt halálos bajra hijuk.
Hiszem Istent, tenéked kezedben adjuk
Zrinit, Szigetvárát is mindjárt megbirjuk.

86.
Hogyha penig azok közzülök nem vesznek,
Bizony sok busulást nékünk cselekesznek,
Mert nagy hire vagyon az ő erejeknek,
Kiért mind fejenként hadadban rettegnek.

87.
Én, én, ha az előbbeni vitéz kezem
Nem változott (s nem is), ezt magamra vészem,
Én annak az tolvajnak fejét elvészem,
És az te hatalmas lábad alá tészem.

88.
Az te seregedben más is találkozik,
Az ki illyen fáradságtul nem irtozik.
Elhittem, vitéz Demirhám el nem bujik,
Sem Idriz Zagatár ettül nem rettenik."

89.
Ifiu tatárnak császár vitéz szüvén
Igen gyönyörködik, de az ő elméjén
Nem járhat ily dolog: nem hivén szüvében,
Hogy Zrini ily bajra Szigetbül kijüjön.

90.
Mond az Delimánnak: „O, te vitéz virág!
Kit méltán csudálhat egész török világ,
Az te vitéz szüved énnékem vigaság,
Ne kivánd, hogy ettől fosztassam mostanság.

91.
Nem illyen dologra termett vitéz kezed,
Hogy közönségessen eztet harcra vessed,
Az muszulmán hit vár nagyobb dolgot tüled:
Tarts nagyobb dologra te hasznos éltedet.

92.
Tekints hadakozás forgandó dolgára,
Nem állhat soha is egyféle formára.
Mit mond ez az világ, ha téged halálra
Kiteszlek, és illyen veszedelmes bajra?

93.
Szánjad vén apádat, kinek egy fia vagy,
Az te szerencséddel néki halált ne adj,
Csak te vénségének erős istápja vagy,
Erőtlenségében tüle el ne szakadj."

94.
De nem veszi Delimán császár tanácsát,
Sőt hasznos orvosságtul betegszik, s kiált:
„Az mely szorgalmatos viselsz rám gondokat,
Tedd le, s engedd jó hirért szenvednem halált.

95.
Mi is erős kezünkben vasat hordozunk,
Az mi sebünkbül is piros vér jün, tudjuk,
Messzi Szigetvára lesz néki, meglátjuk,
Az kiben bujhasson, ha ott lesz mi vasunk."

96.
Szulimán de látja Delimán haragját,
És az bajvivásra elszánt akaratját,
Igy szól: „Meg nem szegem te akaratodat,
Ugy légyen, valamint te akarod magad.

97.
De jobb alkolmatosság szükséges erre;
Most penig másképpen micsoda ereje,
Próbáljuk, Zrininek, ágyukkal Szigetre
Kell minekünk mennünk; most van annak helye.

98.
Hogyha nem árthatunk aval mi Szigetnek,
Akkor leszen keleti vitéz kezednek.
Minnyájan bennünket most megnevetnének,
Ha ily vitézinket ok nélkül vesztenénk.

99.
Fiam, én szeretlek, szeretem hiredet,
Vedd ki hát belőlem minden kétségedet;
Ennek az dolognak tudom jól idejét,
Bizd rám vitéz szüvednek csak egyik részét."

## Pars nona
### (Kilencedik ének)

**1.**
Hova ragadtattam én könnyü pennámtul?
Holott tanulhatnék Dedalus fiátul:
Kis készülettel indultam tengeren túl,
Kis elme ez, ki ir nagy Atyám dolgárul.

**2.**
Kiván nyugodalmat vers és historia,
Nem haragos Márssal lakik Musák fia;
Hangas dob, trombita Apollót nem hija
Verscsinálásokrul harcra s viadalra.

**3.**
Engemet penig, midőn irom ezeket,
Márs haragos dobja s trombita felzörget.
Ihon hoz házamban füstölgő üszöget
Kanizsai török, óltanom kell eztet.

**4.**
Még sem tanácstalanúl kezdtem munkámat,
Tudván ez dologhoz nagy tartozásomat.
Nem röjtöm Istentül vett talentumomat.
Kézzel is, ha lehet, követem Atyámat.

**5.**
Fáradhatlanul Ali Kurt forgolódik,
Három helyen tüle nagy sánc csináltatik,
Az honnan ágyukkal Szigetvár lövetik,
Nappal és éjjel is bástyája töretik.

**6.**
Két napja múlt már el, Zrini Szigetvárbul
Nem megyen ki harcra, igen nagy okokbul,
Noha minduntalan vitéz Deli Vidtul
Kérettetik, bocsássa hogy Szigetvárbul.

**7.**
De Zrini Deli Vidnak igy beszél vala:

„Az ki az szerencsét meg nem zabolázza,
Hanem mindent ereszt erős szájára,
Végtére is veszélyre aztot ragadja.

8.

Még mindeddig szerencse mivelünk tartott,
Isten kegyelmébül győzödelmet adott;
De mivel forgandó, ha kezd adni hátot,
Egyszersmind ránk burit veszélyt s ártó habot.

9.

Higgyed, nem heában nyugottam én itt benn,
Nagy dolgokat forgattam gondos szüvemben.
Ha törökök elbiznák magok ez helyben,
Akarnám, gondolnák, vagyunk félelemben:

10.

Akkor véletlenül mi reájok mennénk,
Kárt és veszélyt nagyot köztök cselekednénk,
Azalatt császárnak talán hirt küldhetnénk,
S talán tüle hamarább megsegittetnénk."

11.

Igen javallá Vid az ura tanácsát,
És legottan mindjárt fölajánlá magát:
„Ha akarod, uram, én fáradságomat
Érted nem restellem, sem vérem hullását.

12.

Vagy éjjel vagy nappal mondod, megindulok,
Törökök közt megyek, mert nyelvökön tudok,
Hogyha mesterséggel semmit nem használok,
Erővel, kardommal mégyek őáltalok.

13.

„Édes vitéz szolgám" (igy felele Zrini),
„Nem kell te vitézségedben kételkedni,
De tenéked Szigetet el nem kell hadni,
Itt énvelem együtt kell aztot őrizni.

14.
Talán rendelt Istent mást erre dologra,
Ki kevesebb kár nélkül ezt fölvállalja."
Zrini Deli Viddal igy beszélnek vala,
Azonban szólton szól Ali Kurt ágyuja.

15.
Erős Radivojon rendi istrázsoánalt
Vala, és mellette Juranics vajdának.
Ezek kapu fölött vigyázásban voltak,
Radivoj igy szólla másik barátjának:

16.
„Juranics vajda, édes vitéz barátom,
Nézd, min gondolkodom, édes jobbik szárnyom!
Az mi jó urunkat nagy gondokban látom,
Mint magyar királynak törökrül hirt adjon.

17.
Mindenütt jól tudom az kalauzságot,
Éjjel vihetek végben én illyen dolgot.
Mig felkél, megvárom az szép holdvilágot,
De előbb megmondom az urnak ez dolgot.

18.
Higgyed, oly nagy merészség szállott szüvemben,
Az minemüt soha nem tudok éltemben,
Ugy tetszik, nappal is az török seregben
Kézzel magam nagy dolgot vihetnék végben."

19.
Mikor vajda Radivoj beszél illyeket,
Az másik vajdának fölgyujtá az szüvét,
Juranicstul azért lén illyen felelet:
„Hová hagynál, Radivoj, tehát engemet?

20.
Egyedül ily veszedelemre magadat
Akarnád-é vetni, s itt hagyni társodat,
Az mely szeret tégedet, szintén mint magát?
Futsz, Radivoj, tülem s én szüvemtül tahát?

21.
Nem ugy én e' minap magamat viseltem,
Hogy rólam kétséget hagyjak te szüvedben:
Demirhám láttára barjaktárt megöltem;
Éltével eggyütt zászlóját elvettem.

22.
Noha nem első próbám volt az énnékem,
Veled eggyütt nagyobbakat cselekedtem.
Éltemet halállal én is megcserélem,
Mikor hozzá adatik örök jó hirem."

23.
Radivoj erre igy: „Úgy hozzon meg Isten,
Édes vitéz barátom, jó szerencséssen,
Soha én terólad nagy gondu elmémben
Ily vitéztelenséget nem eresztettem.

24.
De gondolatomban ez forog énnékem:
Ha (az mint megszokta) szerencse énvelem
Gonoszt cselekeszik reménségem ellen,
S ád török kézben halva, vagy elevenen:

25.
Azért, vitéz társom, kivánom éltedet,
Légyen, ki temesse el megholt testemet,
Vagy sarcon váltsa ki rabságos éltemet,
Vagy ifiabb, méltán hosszabbits éltedet."

26.
Nem hajol Juranics az illyen beszédre,
Inkább mérgesedik ily hitegetésre,
És nevelkedik kedve nagyobb veszélyre;
Illyen szép szók jüvének az ő nyelvére:

27.
„Te haszontalanul hitegetsz engemet,
Soha meg nem lágyitod az én szüvemet;
Szállitson szerencse minden veszedelmet
Én ifju fejemre, de elmegyek veled."

28.
Igy megyen két vajda Zrini eleiben,
Az hol Deli Viddal van beszélgetésben.
Elöl szól Radivoj: „Ne csudáld szüvedben,
Uram, hogy mi ketten jüttünk te elődben.

29.
Láttuk az bástyákrul nagy esztelenségét
Az mi ellenségünknek, és henyélését;
Tegnap sok itallal terhelték fejeket,
Most bizvást alusznak, nem esmervén minket.

30.
Ha engeded, éljünk szerencsével mi mast;
Ketten általmegyünk az táboron bizvást,
Hirt viszünk császárnak, mely Bécsben vagyon mast,
Micsodás ellenség van Sziget körül mast.

31.
Én itt mind jól tudom körül az föld csinnyát,
Arra megtanitott untalan vadászat;
Megbujjuk mi lopva az török táborát:
Ad Isten szerencsét, az ki mindent adhat."

32.
Itten örömében Zrini könyvet hullat,
Megölelvén őket az égben fölkiált:
„O, hatalmas Isten, ki vered hadakat,
Nem elegendőül téged nyelvem áldhat,

33.
Nem akarsz elveszteni még szintén minket,
Mivel adsz közinkben ily erős szüveket.
De mi elegendő lesz ti érdemetek,
O, minden dicséretre méltó vitézek?

34.
Halljátok, Radivoj s Juranics vitézek,
Az mit én igérek Isten előtt nektek:
Ha szerencséssen ezt ti véghez viszitek,
És én ellenségimtül mentté lehetek,

35.
Mindenitek leszen részes én kincsemben,
Egy gazdag türkises kard, Radivoj, lészen
Tied, mellyet én Mehmet basátul nyertem,
Ollyan lóra való fékkel egyetemben.

36.
Juranicsnak adok szép arany sisakot,
Mellyet Gyafer éltével együtt elhagyott
Szép varasdi mezőn, hon atyja szaladott,
Mindeniknek ehez hat-hatszáz aranyat."

37.
Igy adnak választot az két vitéz vajda:
„O, hatalmas vitéz, Szigetnek nagy ura,
Ajánlásod böcsüljük, de tedd máshova,
Nem ösztönöz adomány minket próbára.

38.
De ád az jó hir-név nékünk erre szüvet,
Mellyet irigy üdő tőlünk el nem vehet,
Csak jó egésségben maradjon te fejed,
Mindenkor megtaláljuk nálad ezeket."

39.
Mikor elereszté Zrini vitézeket,
Deli Vid az ajtón kikéséré őket,
Mindeneknek ada szép emlékezetet,
Aval ajándékozá az vitézeket:

40.
Magárol elvévé, adá Radivojnak
Bőrét nagy arabiai oroszlánnak,
Mellyet elvett testérül Abdus Elamnak,
Életével együtt Singér bék fiának.

41.
Szép arannyal varrt üngöt vörös atlacbul
Azután Deli Vid levévé magárul;
Ő ezt levonta szerecsen Hamvivánrul,
Juranics vajdának adá ajándékul.

42.

„Kivánom, szerencséssen ezt viseljétek",
Igy monda Deli Vid; de többi vitézek
Ki kardot, ki sisakot ada nekiek;
Fegyveressen osztán kapu felé mennek.

43.

Vala oly órában, mikor minden állat
Legcsendeszebben magának nyugodalmat
Vesz; juhász, szántó aluszik kedves álmat,
Juhok mellett nyugszik kuasz, mely megfáradt.

44.

Akkor az vitézek kimennek mindketten,
Hiják segitségül Jehovát szüvökben,
Vannak bátorságban és nagy reménségben,
Mindenfelől vigyáznak nagy sötétségben.

45.

Nem menének vártul igen messzi földre,
Látnak sok törököt az gyöpön heverve,
Gondolkodnak: menni volna legjobb merre,
Hon inkább az török eszben nem vehetné?

46.

Bizony két vad farkashoz hasomlók ezek,
Mikor mindenfelé azok barmot néznek;
Mindenökre örömest ők elmennének,
Végre hon legtöbb ordit, arra ügetnek.

47.

Radivoj Juranicsnak azt mondja titkon:
„Az nyomunkra vigyázz, édes vitéz társom.
Én elől csinálok utat nagy hatalmon,
Mert feküsznek törökök részegek ihon."

48.

Ily szók után kevély Pervizneк az nyakát
Testétül elvágá; ez magyar katonát
Semmire böcsüle, vélvén többnek magát,
Hogysem tizenhárom keresztény hatalmát.

49.
Azután Rézmánnak ketté vágá mellyét,
Ő borral elegyve okádja sok vérét,
Itt vitéz Bégzádé elveszté életét,
Megemészté szablya Kaitaszt és Rechepet.

50.
Valamerre megyen két vajda fegyverrel,
Fest sátort és földet bővön török vérrel;
Sok név nélkül való nép kard miát hull el,
Két vitéz kéz miát mezőn szerte széllel.

51.
Két táboron vágták már által magokat,
Még sem vészik eszekben szörnyü károkat
Az részeg törökök, bor miát nem láthat
Akarmely okos is; rosztul jót nem válthat.

52.
Harmadik táborban, hon Szulimán fekszik,
Két vitéz oroszlány haraggal érkezik:
Apró sátorokat ők mind elkerülik,
Jönnek egyben, az hol Kadilesker fekszik.

53.
Mit használt tenéked szentség, Kadilescher?
Jövendő-mondásod heában nem hever;
Amfiaraus is volt ily okos ember,
De megcsalatkozott tudományban egyszer.

54.
Juranics karddal megy lassan ő ágyához,
Két kezével nyula éles szablyájához,
Felemelvén csapá meztelen nyakához,
Legördül az feje az szép zöld pázsithoz.

55.
Valamint eszbe vé ezt az ő inasa.
Kiált; nem sokáig de lén kiáltása,
Ura után küldé Radivoj csapása
Szerencsétlen lelkét mélységes föld alá.

56.
Kadilesker mellett egy aranyos zofrán
Fekszik bársony vánkoson török alkorán.
Ezt jelért Juranics, hogy volt illyen próbán,
Magával elvivé, Radivoj igy szólván:

57.
„Véghez ment, Juranics, mi minden szándékunk,
Utat törökök közt magunknak csináltunk,
De tovább szerencsével nem jó játszanunk,
Jerünk ki közzülök; nem jó itt mulatnunk."

58.
Mindaddig kerülék az sok sátorokat,
Végre kimenének, az hol vége szakadt
Az széles tábornak; Almás vize partját
Jobb kézre elhagyák, s nem nézik az útat.

59.
Nem messzi tábortul háromezer tatár
Járja az istrázsát, s ott Idriz zagatár
Vagyon személyével; ő köröskörül jár,
Hogy hátul kaurtul ne essék semmi kár.

60.
Ezek eszbe vévék az két vitéz vajdát,
Az ki elöljáró, „Kimszi! Kimszi!" Kiált.
Már semmi reménséget eggyik sem láthat,
Mindenik erdő felé fut, az mint futhat.

61.
Már nem fél Radivoj, mert bement erdőbe,
De másik nem vala ollyan gyors erőbe;
Eztet az tatárok vevék kerületbe,
Ugy hogy nem maradott semmi reménségbe.

62.
Radivoj visszanéz, s nem látja az társát;
Gondold meg az ő rettenetes bánatját.
„Juranics! Juranics!" sürü erdőn kiált,
De nem más, csak Echo néki bus választ ád.

63.
„Juranics! Juranics! Én hová hagytalak?
Micsodás ebeknek prédául adtalak?
Hon keresselek már, és hon találjalak?
Micsodás föld hátán téged nyomozzalak?"

64.
Igy búsul s igy kiált, s nyomra visszamegyen,
Hogy valamint Juranics nyomát esmérjen.
Hát nagy kiáltást hall; arra visszamegyen.
Látta Juranicsot, hogy török közt légyen.

65.
Mit csináljon maga, s micsodás fegyverrel
Szerelmes társát török közzül hozza el?
Nem használ, ha maga rá megy személyével,
Aval semmit társának, ha ottan vesz el.

66.
Szép aranyas kézij az óldalán vala,
Mellyet azon éjjel töröktül nyert vala,
Ezt gyorsan pusdrábul nyillal kiragadá,
Nyilat idegestül az füléhez vonyá.

67.
Röpül az tollas nyil, Sabaszot mellyébe
Talála, és megjárá szintén középbe,
Ő halva leesik társának ölébe,
De társát másik nyil talála bal fülbe.

68.
Ott Juranics körül hat holt tatár fekszik,
Ki miát legyen ez, sohun nem tudatik,
Azonban Idriz vezér oda érkezik,
Ő szeme láttára két tatár elesik.

69.
Elbusúlt az vezér, nem látja, ki csinált
Sok vitézi között gyorsan ennyi halált;
Igy mond Juranicsnak, kivonván szablyáját:
„Te fogsz mindnyájokért fizetni egy halált."

70.
Nem tarthatja tovább Radivoj bánatját,
Oda rugaszkodik, az hun látja társát.
„Engem, engem, vitézek!" messzirül kiált,
„Engem öljetek meg, nem az én társomat!

71.
Én voltam az oka azok halálának;
Én nagyobbik feje ennek az próbának.
Semmit nem mivelt ez, de nem is árthatnak
Ily gyermekek, mint ez, ily hatalmas hadnak."

72.
De kegyetlen tatár annak vádolását
Füle mellett ereszti, s fejében szablyát
Juranicsnak vágja; ő leburul hanyatt,
S vérrel kiereszti lelke tisztaságát.

73.
Leesik Juranics, mint egy szép virágszál,
Kit kegyetlen munkás nagy vassal lekaszál,
Avagy ha tövébül kidül liliumszál,
Mely szép növésében tavaszi mezőn áll.

74.
Mint fene leopárt, ha elveszti kölkét,
S ha előtalálja vadászok seregét,
Rájok mérgét, fogát, rájok viszi körmét,
Dárdát halomban ront, s ott veszi életét:

75.
Igy dühös Radivoj ellenségre megyen,
Az nagy seregek közt Idrizt tartja szemén,
Sok száz fegyverütést magára fölvészen,
Nem gondol, társáért mert majd boszut tészen.

76.
Idrizt seregek közt immár megtalálta,
Egy csapásban ketté derekban szakasztá,
Maga is sebek miát esék hanyattá,
Társa mellett lelkét Istenhöz bocsátá.

77.
O, áldott, o, boldog, o, erős vitézek!
Ha mit az én magyar verseim tehetnek,
Soha ti dicséretre méltó hiretek
Meg nem hal, mig folynak alá sebes vizek.

78.
Mig az nap meg nem áll, mig az magyar nemzet
Karddal oltalmazza az keresztény hitet,
Élni fog nevetek; ti penig az Istent
Örök boldogságban mostan dicséritek.

79.
Azonban Deli Vid külső palotában,
Az Ur háza előtt esék mély álomban;
Csak oly fegyveressen, sisakban, páncérban,
Ülve alszik vala egy széles ablakban.

80.
Egyszersmind felugrék, mint egy eszeveszett,
Az urához mene, és igy szólni kezdett:
„Uram, minden reménség szüvembül esett;
Ihon az két vajda is mostan elveszett."

81.
Csudálva hallgatja jó Zrini ezeket,
És választul adja okossan eztet:
„Miért hagyod sirnya te kemény szüvedet,
Mint egy kis leánzó? Tartsd meg könyveidet.

82.
Nem illik tehozzád: sirj mint egy üdőtlen,
Nem szállhat vitézre szerencse véletlen;
Gonoszt készen várnunk kell nékünk szüvünkben,
De nem csak egykor, hanem minden üdőnkben.

83.
Most már azon kérdezlek: te hon hallottad
Két erős vajdának kegyetlen halálát?
Nem tarthatja Deli Vid de maga sirását,
Felel az urának illyen okos szókat:

84.
„Ne csudáld szüvemet, hogy keservessen sir,
Mert igen általverte az kegyetlen hir.
Nem mindenkor magával ember szüve bir,
Ha az tüle elvész, kit szerencse igér.

85.
Elmém gondolatját hogy inkább enyhitoom,
Előbb leültem vala egy sellyeszékben,
Alig huntam vala be fáradott szemem,
Ihon vitéz Radivoj jüve előmben.

86.
Ollyan fegyveressen bizony ütet láttam,
Valamint magamtul mikor elbocsáttam,
De sok kemény sebben és bű vérhullásban;
Alig, hogy ki légyen, esmerhetni tudtam.

87.
Száz helyen megnyitott az ő vitéz mellye,
És még annyi sebet hordoz vitéz feje.
Sisak, oroszlánybőr, mely őtet födözte,
Sok megaludt vérrel van befört ő ztetve.

88.
Hej, mely külömb vala attul Radivojtul,
Ki Szigetben Abdulaht hozta fiastul
Kötözve, mely hozott sok fegyvert prédául,
Mellyet ő kezével nyert török pogántul!

89.
Hogy szólok őhozzá, nékem tetszik vala:
»Ki bánt igy teveled, oh, te vitéz vajda?
Ezt az megalutt vért, mely tested csunyitja,
Kicsoda belőled fegyverrel ontotta?

90.
Nem igy várt tégedet szigeti kapitán,
Az ki tefelőled van nagy gondolatban;
Szigeti sereg is nagy reménségben van,
Segétsége lészen vitézséged után.«

91.
Ő penig ezekre énnékem nem felel
Semmit is, csak néz reám szomoru szemmel;
Sok ohajtás után végre horvát nyelvvel
Eztet mondja nékem nagy keserűséggel:

92.
»Mig Isten akarta, Deli Vid, én éltem,
De keresztény hitért most halált szenvedtem
Juraniccsal eggyütt, s most elődben jüttem,
Én meztelen lélek, töröknél van testem.

93.
Semmit ne irtózzál, Deli Vid, éntülem;
Nem sok üdő mulván leszesz eggyütt velem,
Mert mártiromságot néked is az Isten
Mind urastul eggyütt rendelt, s helyt az égben.

94.
Ne felejtkezzél el azért vitézségrül,
És ne is rettenj meg az pogány töröktül,
Én erőt tenéked kérök az Istentül;
Isten légyen veled, maradj meg vitézül.«

95.
Igy monda, s eltünék, mint gyors szél előttem,
Mint egy könnyű árnyék az levegőégben;
Heában utánna futok, hogy öleljem,
Háromszor, de csak esék kezem semmiben."

96.
Alig végezhette Vid szomoru szavát,
Hogy bástyákrul hallának iszonyu lármát.
Az török táborban nagy zöndülés támadt,
Mert most vették eszekben kárvallásokat.

97.
Ihon az holt vezért az tatárok hozzák,
Fényes zászlójokat ők földre forgatták,
Rettenetes zajjal urokat siratják,
Fegyverét s jó lovát teste után hozzák.

98.
Máshul Kadileskernek temetés készül,
Csaknem egész tábor arra az helyre gyül.
Ott áll Mihaliogli, ott sok vezér körül,
Csudálják, ily dolog lett csak két vitéztül.

99.
Sirarja Szulimán as nagy Kadileskert,
Mert nálánál soha okosbat nem esmert.
De sátorbul kijünni császár nem is mert,
S azért rajta senki változást nem esmert.

100.
Mindkettőt egy helyre az vezérek vivék,
Azután mindenbül őket vetkőzteték.
Arabiai balsamummal megkenék,
Egy nem mély verömben mind az kettőt tevék.

101.
Temetések fölött kiáltnak az hozsák,
Kétségben ne essenek, azon biztatják.
Sok dervis s talismán Mahometet hiják
Nékik segitségül, s azután ott hagyák.

**Pars decima**
*(Tizedik ének)*

1.
Vándorló s kegyetlen szerencse egy nyomban
Mindenkoron hágni nem szokott, s egyformán;
Mert néha öltözik vigadó orcában,
Néha penig futkos tellyes háboruban.

2.
Semmiben nem örül úgy, mint változásban,
Mert éjjel és nappal és minden órában
Változik, s állandó állhatatlanságban,
Legfőképpen penig hadi állapatban.

3.
Kedvvel eddig Szigetnek mutatta magát,
Természeti kivül vezettette magát
Sokáig, de változtatta már járását,
Elszaggatta nyakárul nehéz porázát.

4.
Mindent, az mit tudott, veszélyt és háborut
Ezután Szigetre hánt, és ártalmas bút;
Első adományért most immár haragudt,
lett végre sok méreggel bű forrású kút.

5.
Bátor szüvel szokott szerencse játszani,
De bátor őnéki nem szokott engedni.
Valamint kormányos habbal tusakodni
Tud, ugy kell bátor szüvnek evel küszködni.

6.
Kissebbedik s lágyul szüve félénkeknek
Gonosz szerencsében, de nem, jó Zrininek;
Sőt, nő bátorsága, ha veszedelemnek
Látja öregbülését, s rosz szerencsének.

7.
Látja, hogy megégett Szigetnek városa,

Ágyuk miát ledült várnak egy bástyája,
Készült már ostromhoz sok jancsár s gyumlia,
sok százezer ember veszélyére látja.

8.

Mint sivó ördögök, ostromnak idejét
Várják vitéz törökök, az harcnak jelét;
Kivánják, szomjuhozzák jó Zrini vérét,
S ő vérével eggyüt az több keresztyénét.

9.

Külső s belső váras már töröknél vala,
Mellyet Zrini jó esszel maga elhagya,
Mert minden erejét az várban behozza;
Az feje álltáig tartani akará.

10.

Megzöndült azonban sok dob és trombita,
Sok kevert népet ütközetre indita;
Sok lovast bátor szüv néki bátorita:
Elhagyván jó lovát, gyalog harcra futa.

11.

Az ledült bástyára jün vitéz Demirhám,
Utánna hatezer jancsár és szpahoglán,
Megy kapura erős s nagyszüvü Delimán,
Utánna nyolcezer tatár és musulmán.

12.

Háromezer arnaut, kétezer karamán,
Háromezer cirkas Aigas basa után,
Visz harmadik felől lajtorjákat hátán;
Ott van Singir zagatar, szerecsen Kénán.

13.

Az várban peniglen piacon áll vala
Zrini bán, kezében van aranyas dárda,
Utánna az sereg áll vala csoportba,
Urának szép biztató szavát hallgatja.

14.
Henyei bástyáján, az mely volt leromlott,
Radován Andrián száz gyaloggal állott.
Az kaput őrzötte száz karddal Péter Bot,
Mindennek maga rendi illyen helyt osztott.

15.
Az hova Aigas basa készit lajtorját,
Deli Vid száz karddal őrzi azt az bástyát;
Novakovics Iván mellette másikat,
Minden készen várja ellensége kardját.

16.
No, kiomlik sáncbul török sok számtalan,
Nem jütt ennyi ki trójai ló oldalán,
Ki csákánt, ki baltát, ki szablyát oldalán,
Ki hirtelen halált, puskát viszen hátán.

17.
Viz árokja térdig ér az törököknek,
Mert az több vizet előbb kieresztették,
De erre is szalmát és vesszőt vittenek,
Hogy könnyebben ostromnak ők mehessenek.

18.
Visz legelől Demirhám dárdát kezében,
Paizst az másikban, ráró-toll fejében,
Mellyén van kuracély, s maga jün elsőben,
Hoz halált, hoz veszélyt ez vitéz Szigetben.

19.
Bátran neki indult az vár árokjának,
Nem gondol semmit is, hogy társai hullnak;
Mellete s fölötte ónok sürün járnak,
Sokak közép mellyén az vasban akadnak.

20.
Ő kézzel, ő szemmel, ő bátor járással
Biztatja társait haragos torkával,
Mikor oda érkezik, hon megnyitott fal
Radovánt mutatja száz vitéz szablyával.

21.
Mint az mérgös sárkány, közel látván prédát,
Késziti mérgös körmét s vérszopó torkát,
Döhösséggel éleséti horgas fogát,
Méregben usz, méreggel felfujja magát:

22.
Ugy Demirhám hallag s kegyetlenül hallgat,
Méreg nem ereszti torkábul az szavát,
Csak bömböl magában, s tartja nehéz dárdát,
Pokinak általveri széles oldalát.

23.
Ledűl Poki Gergely, s bőven hányja vérét,
Vérrel kibocsátja ő magábul lölkét,
De mindjárt megtalálta ott temetését,
Mert kétszáz megholt török befödi testét:

24.
Mert Radován maga kezével két huszat
Rá halomban raka, vitéz jancsárokat.
Medvei Benedek Testoglint s Operkát
Megöl ő fölötte, és más tiz muszurmánt.

25.
Orostoni Péter levágja Saladint,
De Demirhám ütet, erős Orostonit;
Malkuch Huszárt, Szelim Balázst és Gerdeit,
De Bosnyák Benavirt, Ramadánt, Huszaint.

26.
Achmedani aga neki bizta magát,
Megyen Radovánra, s őnéki igy kiált:
„Esmered-é, kaur, az vitéz Achmedánt,
Az ki majd megcselekszi, hogy légy föld alatt?"

27.
Mind az két kezével hozzá vág, igy szólván,
De amaz felvészi az csapást paizsán;
Igy az vitéz vajda néki felelt osztán:
„Én penig vagyok vajda horvát Radován."

28.
Nem szól többet, de csap hozzá kegyetlenül,
Amaz halva az földre eleiben dül,
Lelke testét ott hagyván föld alá röpül,
Vértül s melegségtül egyszersmind teste hül.

29.
Legtöbbet Demirhám maga cselekeszik:
Keze miát Haszanovics ott elesik,
Azután Penezics tüle ölettetik,
Hajdu Mátyás, Nagy Máté előtte fekszik.

30.
De Radován előtt hentereg az vérben
Pirim, Buluk bassa s tiz más török sebben.
Öszvekeveredtek már ebben az helyben
Török és keresztény nagy kegyetlenségben.

31.
Ki fél holt eleven, kiáltja az társát,
Ki rettenetestül kemény földön jajgat;
Vér és fegyver között hallik hangos szózat,
Azt tudnád távulrul, hogy az ég leszakadt.

32.
Fekszik holtak között, noha még eleven,
Vitéz Szlamenovics (mert lába térdében
Eltörött szegénnek); ő kiált az égben,
Káros puskát átkozza török kezében.

33.
De mikor közel megy ehez Terhat aga,
Földrül az töröknek ruháját megkapja,
Más kézzel mellyében dárdáját taszitja,
Halva maga mellé az törököt vonja.

34.
Ő Demirhámhoz is üt fáradt erővel;
Esztelen, nem tudja, hogy nagyobb erővel
kell eztet megölni; Demirhám fegyverrel
Felvészi az csapást, és nagy szerénséggel

35.
Fejét elválasztja testétül legottan.
De erre érkezék szintén nagy Radován;
Mint az préda fölött két vitéz oroszlán,
Öszvemennek, szüvökben lángot hordozván:

36.
Ugy két vitéz megyen öszve bátorsággal.
Legelső Demirhám csap ehez szablyával,
De vajda felveszi erős paizsával,
Ugyan ez is mindjárt hozzá csap nagy kárral.

37.
Hozzá csap, de eltörik szablya kezében
(Áruló, elhagyá urát ily veszélyben);
Fegyvertelen markát hogy nézi keserven,
Demirhám ketté vágja sisakját éppen.

38.
Mindazáltal nem ijed az vitéz vajda,
Noha feje ütéstül megszédült vala,
Paizzsal befödvén magát fut kard alá,
Haragos ellenségét oldalban kapá.

39.
Örömest elválnék Demirhám vajdátul,
Mert karddal nem férhet hozzá szorosságtul,
De amaz nem ereszti messzi magátul,
Hát birkodni kezdtek mindketten haragbul.

40.
Imide-amoda űk hányják magokat,
Botlástul, eséstül jól őrzik lábokat;
Szoritja magához szerecsen az vajdát,
Vajda ismég őtet, mint legjobban tudhat.

41.
Mikor méz-szag medvének orrában esik,
Utánna mászkálván bükfárul leesik,
Körmével s fogával az fára haragszik,
Szaggatja heában heát gyökeréig:

42.
Igy ez mind az kettő egy másik körül jár,
Egymásnak fejére kárt kivánsággal vár,
Demirhám haragos, mint hótul nőtt viz-ár,
De másik engedni éltéig nem akar.

43.
Utolsó fonalát éltének forgatják
Nagy Radován vajdának kegyetlen Párkák,
Mert mihant érkezék háta megé Durak,
Vajdában beveré felét dárdájának.

44.
Az fekete földre ledül szegény vajda,
De még is szerecsent maga után vonyá.
Félholton földön is ellenségét marja,
Mig szegényt tellyességgel lölke elhagyá.

45.
Megzördült kemény föld az két vitéz alatt.
Láttad-é ledülni régen nevelt tölgyfát,
Kit erős kötéssel borostyán lehuzhat?
Igy fekszik Radován holtan pogány alatt.

46.
Rettenetes Demirhám az földrül felkél,
Megyen több ellenségre, mint az forgószél;
Nem meri megvárni senki őtet, mert fél,
Mert vagyon kezében nagy halál, nagy veszély.

47.
Elhagyák az bástyát vajdátlan vitézek,
Futnak ide s tova, mint kicsin gyermekek;
De ihon jün Dandó, hoz gondot töröknek,
Száz vitéz szablyával segét futó népnek.

48.
Kevés, Dandó Ferenc, az te segitséged:
Hogyha Zrini maga fejével öregbet
Gyorsan nem hoz, elvesztitek ti Szigetet,
Mert dült bástya bevett kétezer törököt.

49.
Mindent, az mi lehet, Dandó maga tészen,
Mert sok ezer ütést paizsán fölvészen:
Számtalan törököt lefektet egy helyben,
Mint óriás, gázol ellenség vérében.

50.
Másfelől Delimán jut immár kapuhoz,
Ő halált, ő veszélyt erős kezében hoz;
Nagy dárda kezében hasomló tölgyfához,
Avagy rettenetes gállyaárbocfához.

51.
Több bátorság esék Bot Péter szüvében,
Hogysem az mi kellött volna ily üdőben,
Mert ő harcra kimegy török eleiben,
Megvetvén törököt, bizik jó szüvében.

52.
Kapuját megnyitja szép Szigetvárának,
Ottan eleiben áll nagy Delimánnak,
De Delimán éltét elveszi két hatnak,
Kik Bot Péter előtt serényen harcolnak.

53.
Péter is másfelől kárt tészen törökben,
Mert Murtuzán ledűl előtte nagy sebben,
Sabán is, Bichir is, Pechliván Eöszven,
Sas Fábián előtt fekszik Nuh Mahocen.

54.
Áll vala Embrulah aranyas fegyverben,
Szkofiummal varrot kápa van fejében,
Cifrált jancsárpuska mind az két kezében,
Kemény bagdati kard fütyög hüvelyében.

55.
Nezér Cselebinek vala kedves fia,
Minden tudománnyal mert elméje rakva,
Ő Musáknak vala szerető szolgája,
Ő kobzot, ő miszkált, ő chingiát tuda.

56.
Ő szerecsen tökkel tett szégyent nagy Pánnak,
Énekével penig szép bilbil madárnak,
Erdőknek Orfeus, Arion halaknak,
Második Endimio volt az fényes Holdnak.

57.
O, örökké szerencsés, Embrulah, lennél,
Ha hadat s Szigetet te elkerülhetnél!
Erre Badankovics, kegyetlenb medvénél,
Megyen, visz félelmet reá nagy erővel.

58.
Heában Embrulah kilövi puskáját,
Mert meg nem találja az horvát leventát;
Ő penig kikapja sereg közt Embruláht,
Mint nagy saskesellü szép hattyu madarat.

59.
Hóna alatt viszi félénk gyönge prédát,
Ő vékony torkával segitséget kiált.
Meglátja Delimán ifiu Embruláht,
Badanakovics után fut, mint jobban futhat.

60.
Látja Badankovics, nem viszi békével
Az török gyermeket, szablyája élével
Felnyitja szép torkát, mely szép énekével
Erdőt, mezőt töltött sok gyönyörüséggel.

61.
Megáll osztán s várja, az ki jün utánna,
Delimán mint villámás de tünik reá,
Mint az sebes menykű, röpül nagy dárdája.
Egy szempillantásban Ivánt elszaggatja.

62.
„Te rontád világnak nagy gyönyörüségét,
Én penig érötte elvettem éltedet."
Igy Delimán beszél, s lábbal nyomja testét,
Testébül drádáját kihuzza és vérét.

63.
Bot Péter megbánta vakmerő probáját,
Nem meri megvárni Delimán haragját,
Visszafut az várban, visszaviszi hadát,
Vakmerőségének vallja gyalázatját.

64.
Nem sokkal azután érkezik kapuhoz
Delimán, hasomló ő viznek árjához,
Mikor fövént, dült fát, gyökeret bőven hoz,
Mert rettenetességet s kárt markában hoz.

65.
Sok számtalan tatár mellette elesik
Puska miát, attul de ő nem rettenik;
Nem tud az ő szüve félni, sőt nevelik
Aztot veszedelmek, s jobban serénkedik.

66.
Egy kis torony vala kapu fölött fábul,
Azt lerontá Ali Kurt mostan ágyubul;
Torony emberestül Delimán előtt hull,
Ki hanyatt, ki talpra, ki szájára burul;

67.
Kit nehéz gerenda holtan lefektetett,
Kit maga fegyvere mellybe sebesitett,
Kit rettenetes esés halálban kevert;
Husz volt, kettőn kivül többi mind ott veszett.

68.
Szvilojevics Antal, Klizurics Mikula
Egésségben toronybul leestek vala,
De mikor Klizurics magát közben látja
Sok ezer török közt magát befoglalva,

69.
Mint az erdei vad, dühösségben esvén,
Ha történet szerint jün vadász seregben,
Akartva fegyverre kemény szüvel megyen,
Jól tudja halálát, hogy ez helyben légyen:

70.
Klizurics szintén ugy, hon sürübb fegyvert lát,
Fejét alá huzza, föltartja paizsát,
Másik kezében penig nehéz pallosát,
Reméntelenül megy, ott látván halálát.

71.
Szvilojevics penig bizik gyors lábában,
Török közt s fegyver közt indult nagy futásban,
Kapdos már bástyához, erőködik abban,
Miként fölmászhasson, s lehessen bizvástban;

72.
De ott éri szegént kegyetlen Delimán,
Rettenetességgel lábánál megkapván,
Amaz föl erőködik, de csak heában,
Mert lerántja, nagy falt véle leszakasztván.

73.
„Vélted-é előttem te elszaladhatnál,
Hitetlen eb, és gyorsabb légy Delimánnál?"
Igy mond az kegyetlen néki, és nagy vassal
Megnyitja gégjét, merre bement halál.

74.
Milos Badankovics az kapu mellett áll,
Másfelől Hervoics, mint két magas töly-száll,
Az mely Dunaparton innen is, tul is áll,
Magasban többinél, s nagyobb hatalommal:

75.
Ezek esztelenül kis kaput megnyiták,
Hogy ellenség bejüjön, szübül kivánják,
Mert nem sokat beereszteni gondolnak;
Többit kin szoritván, ezeket benn vágnak.

76.
Tódul az sok török, és mász egymás hátán,
Mindenik másik előtt bemenni kiván;
De Hervoics immár megfélemlett dolgán,
Beteszi az kaput, vállával támasztván.

77.
Esztelen, mert bezárta az tatár királyt,
Mint bárányok közé haragos oroszlánt.
Milos Badankovics néki bizta magát,
Megy szüves tatárra, messzirül igy kiált:

78.
„Nem Krim ez, Delimán, hazádbeli földed,
Hanem Sziget-vára, az te temetésed;
Halállal megfizeted az én öcsémet,
Ihon ez az dárda mostan légyen tied."

79.
Elugrik Delimán, mint az könnyü evét,
Helyt ád az halálnak, dárda üté mellyét,
Nagy Daust basának, elszaggatá szüvét;
De Delimán igy felel, felevén nevet:

80.
„Illendőbb, hogy késérd te öcsédnek lelkét
Feneketlen pokolban, s még utban éred."
Nagy azimi karddal ily szók után mellyét
Felnyitja, s kibocsátja siralmas lelkét.

81.
Hervoics mellette megölt kilenc tatárt,
De élte vesztével ő megvallotta kárt,
Mert heában éltét fegyverderékban zárt,
Mindkettőt elrontá az nagy azimi kard.

82.
Egyedül maradott az vitéz Delimán,
Mert mind elvesztenek társai az várban,
Mégis az ő szüve oly bátorságban van,
Mintha volna közép török táborában.

83.
Sem szaván, sem kezén, sem bátor személyén
Nem esmerni félelmet: ő jár merevén,
Tiporja, gázolja és öli kegyetlen
Keresztény katonát, ki áll eleiben.

84.
Minden fut előtte, kerüli mint lángot,
Őnéki is akkor eszében nem jutott,
Hogy várban eresztett volna török hadat,
Csak az futó népre viselt nagyobb gondot.

85.
De mikor meghallák ezt az vár piacán,
Hogy várban berekedt haragos Delimán,
S hogy nagy veszélyt tészen egyedül egy szablyán,
Alapi Gáspárral siet vajda Stipán.

86.
Akkor legelsőben vette magát eszben
Delimán, hogy nem jó néki késni itt benn.
Mint szüves oroszlán sok vadászt erőben
Ha lát, nem fut, haraggal előttök mégyen:

87.
Delimán igy ballag karddal kapu felé,
Mert utána fegyver-árt lát mindenfelé;
Késéri kiáltással nép, ki lű felé,
Ki tüzet, ki vizet föllyül hány fejére.

88.
O, hányszor megfordult! Szégyenli futását,
Szégyenli mutatni keresztyénnek hátát,
Akar visszamenni, de esz bátorságát
Meggyőzi, kapu felé tartja járását.

89.
Az nagy vas lakatot, ki egy lóterh vala,
Leüti ököllel, kaput lábbal rugá;
Igy vitéz Delimán várbul kiindula,
Hid fel vala vonva, árkot általuszá.

90.
Okos Aigas basa hadverő elmével,
Lajtorját visz Vidra igen mesterséggel,
Sok ezer jancsár lű partrul sürüséggel,
Bástyán nem hágy állni senkinek lövéssel.

91.
De itt sem aluszik az tudós Csontos Pál,
Bőven felel nékik porral és ágyuval,
Szurkos koszorukkal, sok tüzes labdákkal;
Lajtorja-hozóknak áll ellent nagy kárral.

92.
És minden szándékjok ugyan semmivé lőn,
Aigás csudálkozván maga veszedelmén,
Mert ott háromezer török nélkül el-lén,
Mégis bástya felmenésére szert nem tén.

93.
De Demirhám, ront, bont, de veszti az népet,
Csaknem maga rontja keresztény sereget.
Roszul áll előtte Dandó, s reménségét
Már szüvébül ereszti, s lát kevés népet.

94.
Ezt mikor meglátá Szigetnek Hectora,
Két seregét magával gyorsan ragadja;
Vitéz Zrini elől maga megyen vala,
Tündöklik fegyvere, kezében szép dráda.

95.
Röszköttél-é, Demirhám, mikor ezt láttad,
Mint nyárfa levele? Magad nem tagadtad,
Mikor az harc után császárnak mondottad
Az harc állapatját, s igazán vallottad.

96.
Mert nem volt orcádon akkor igen sok vér,
Mikor bán drádáját láttad, hogy éppen vér;
Száz törököt kézzel maga Zrini levér,
Mégis reá bátorság mindenkor több tér.

97.
Fekszik őelőtte Balbozán és Bilal,
Gyalog Réz, Kurt, Ali, aga Behlidu Szal;
Kaszum lelkét fujja, Szulfikár földet fal,
Vitéz Sziaus bék, Pirkuch, Porcha Alfal.

98.
Mint vizi óriás, bán gázol az vérben;
Henterög sok török az maga sebében;
Más s még más törököt fektet le egy helyben,
Akkor futni indul török nem seregben.

99.
Ki utat nem talál, bástyán aláugrik,
Kinek keze, lába, feje öszveromlik,
Kevés az törésre, bástyán találkozik,
Heában Demirhám maga tusakodik.

100.
Mert az nagy szorosság akaratja nélkül
Kiragadja hirtelen az bástyán kivül.
Ő eleget kiált: „Dur!" de haszon nélkül,
Mert az nép kivivé magát is fal közül.

101.
Itt már sok török hull, mint tüz előtt az nád,
Mellyet pásztor tavasszal gyujtogat, s vigad,
Látván tüznek, szélnek kemény harcolását;
Igy hull az sok török, és szaladton szalad.

102.
Nem látnál egyebet pornál s magas füstnél,
Kit kovályogva visz az lengedöző szél,
Jajgatással kevert; jár köztük az veszél,
Omol kémélletlenül pogány török fél.

103.
Láttad-é az halált az falon leirva,
Mely rettenetesül kaszáját hordozza?
Bán oly rettenetös az török táborban,
Mint kasza előtt fű, hull török halomban.

104.
Az egész seregnek ő ad bátorságot,
Ő ád erőt szigetieknek s hatalmat,
Mert soha mellette senki kárt nem vallott;
Minden szüvel kiván mellette az harcot.

105.
Nagy hosszu harc után megtér szép várában,
Mint az kölykeihez hű nöstény oroszlán
Elüzvén ártóit, megtér barlangjában:
Igy tér meg szolgáihoz Zrini vigságban.

106.
Ők penig körüle, mint oroszlánkölkök,
Vigadnak, örülnek, s néki hizelködnek,
Seregek megbontó Istenét dicsérnek,
Vigyáznak, fáradnak és gondot viselnek.

## Pars undecima
*(Tizenegyedik ének)*

1.
Még ályos szüvet is nagyra visz boszuság,
Nem hogy határtalant, kit nem bir okosság:
Legyen nékem Achilles ebben bizonság,
Kit harcrul tartóztatott egy kis boszuság.

2.
O, ha ment lehetne némely ember ettül!
Jobbat nem kérhetne világon Istentül,
Mert némely boszuság igen üdőtlenül,
Némely penig kárral maga fejére dül.

3.
Delimán, hogy megtért rettenetes harctul,
Fáradtan, lustossan alutt-vértül, portul,
De szüve még jobban ég nagy boszuságtul,
Szégyenli, kifutott hogy Sziget-várábul.

4.
„Mit fog Rustán bék most énnékem mondani,
Ha ezt a dolgomat fogja meghallani?"
(Igy szól vala magában), „mit fog tartani
Császár én felőlem, ha ezt fogja tudni?

5.
Hej, mert elvesztettem minden jó hiremet!
Mert nem vártam arcul meg ellenségemet,
Látták űk hátamat, látták szégyenemet,
Hová kivánhatom tovább életemet?

6.
Most lesz már mezejek az én irigyimnek,
Engemet gyalázni most nyilik meg nyelvnek,
Mert senki nem látta én vitézségemnek
Próbáját, s az én hatalmas fegyveremnek.

7.
Nem futottam én, nem, kaur ebek előtt,

De magam nem tarthattam egy hadi fölyhőt;
Kijüttem Szigetbül, ott hagyván jelemet:
Vértót, holttest-halmot, füstölgő üszöget."

8.

Magában tatár hám igy törődik vala,
Azonban Rustánt az ő gonosz csillaga
Haragos Iflu eleiben hoza;
Rustán Delimánnak kevélyen igy szólla:

9.

„Azt tudám, krimi bék, Zrinit kötve hozod,
Azt mint vala minap az te fogadásod,
De talán akartva te aztot halasztod,
Mensz császárhoz, Szigetet kérni akarod.

10.

Jól van, én hazudtam, te igazat mondtál,
Az kaurokat egy csapással levágtál,
De bánom, hamarábban hogy kifutottál,
Hogysem az mely lassan Szigetben ballagtál."

11.

Tüz sem oly hirtelen, sem puskapattanás,
Sem ama rettentő mennyei villámás,
Mint tatárnak szüve s haragja hatalmas;
Mert mindjárt kezében akada kemény vas.

12.

Heában hány ellent Rustán bék kardjával,
Mert vitéz tatár hám három csapásával
Földre halva nyujtá, s fölötte igy szóllal:
„Holt eb, ihon Krim bék, az kivel játszottál."

13.

Kiáltás, sikoltás, ottan sok származék,
Mert vezérrel valának jancsár seregek,
De semmit Delimán nem gondol ővélek,
Békével maga sátorában belépék.

14.
Ily nagy zöndülésre császár maga mégyen,
De későn érkezett, mert látja, mint légyen
Holt vejinek dolga, s kérdezi: mint légyen
Oka, hogy bünöstül ő büntetést végyen?

15.
Kaszum kapidzsi basa eleiben áll
Az haragos császárnak, és mérges szókkal
Gyujtja lobban szüvét, s azt mondja: „Mit használ,
Hogy te császárunk vagy? Ő ártatlan meghal.

16.
Ez ártatlan megholt magunk fegyverétül,
Mellyet hoztunk kaurra, külömb hitünktül
Ez az gonosztétel; de mit tart hitünktül
Delimán, ha nem fél tüled, sem Istentül?

17.
Meg mert ez az kevély minap tanácsodban
Rivogatni bennünket, és csak heában
Panaszoltunk reá, im most táborodban
Te vődet megölte egy kis boszuságban.

18.
Uraság, kegyelem mind haszontalanok,
Ha böcsület s félelem nem lesz oszlopok;
Magad fejére is rosz jövendőt mondok,
Ha most Delimán büntetlenül élni fog."

19.
Kaszum többet szólni császárnak akara,
De Demirhám szintén elérkezék arra,
Kemény intéssel többet szólni nem hagya,
Hanem az császárnak igy szól vala maga:

20.
„Győzhetetlen császár, most jusson eszedben,
Kicsoda Delimán, mert az ő kezében,
Te táborod nyugszik igen csendességben,
Nagy vitéz, és nagy ur mert ő is földében.

21.
Országló embernek nem egy az büntetés,
Ha mindegy is az bűn, mert külömb mértéklés
Kell minden dologban; néhutt az büntetés
Ártalmassabb, hogysem az gyönge megintés."

22.
Az császár igy felel: „Rosszul tanácolottál,
Demirhám, engemet, mert nincs igazságnál
Szebb s jobb, az mely egyaránt mindenfele áll;
Hát énnékem császárság, mondd meg, mit használ,

23.
Ha csak nyomorultakra szál én büntetésem?
Hát azokon hatalmam csak vagyon nékem?
De én megmutatom, hogy vagyon külömben,
Delimánnak vétkét mert meg nem engedem."

24.
De többet Demirhám felelni nem mere,
Gyorsan Delimánhoz, barátjához, mene,
Császár nagy haragját neki megbeszéllé,
És hogy azért éltére gondot viselne.

25.
Mosolyog Delimán, hogy hallja ezeket,
De mosolygásában kevert lángot, mérget.
Igy mond Demirhámnak: „Nézd esztelenségét
Megaggott császárnak, s kinek tart engemet?

26.
Talán rabja vagy, mint az több muszurmán,
Vagy oly ágya gyalázó, mint nyelves Rustán?
Nem vagyok én ollyan, meglátja Szulimán
Ő maga kárával; vagyok ur, mint ő, s hám.

27.
Jüjön el ő maga, s fogjon meg engemet,
Vegye büntetésben én vitéz fejemet,
Meglátja, ha tartom én üdvösségemet
Abban, hogy szenvedjem, megfojtson engemet!

28.
Csuda tragédiát készit elméjében
Császár, kit nevetni fog Zrini Szigetben."
Ezt mondván, csak gyorsan öltözik fegyverben,
Rettenetes dárdája vészi kezében.

29.
Azonban Aigás is, Halul is érkezett,
Mindenkor barátinak tartá ezeket;
Delimán haragját enyhitik és szüvét,
Halul bék igy kezdé tatárnak beszédét:

30.
„O, hatalmas vitéz, o, mi tisztességünk!
Az te vitézségedet mi jól esmérjük,
Nincsen lehetetlen előtted, jól tudjuk,
Minden, kardod ellen, erőtlen, jól tudjuk.

31.
De azt Isten ne adja minékünk érnünk,
Hogy az ki után kell nekünk előmennünk,
Attul rontattassunk, és te miellenünk
Kardot vonj, az kitül fél mi ellenségünk.

32.
Felelj meg, mit akarsz te most cselekedni:
Talán török vérben kezed förtőztetni,
Tiszta Mahomet hitét semmivé tenni,
Kauroknak gyönyörüséget szerzeni?

33.
Ah, ne légyen az ugy, az Istenért kérlek,
Mert nincs haszna itten az kegyetlenségnek;
Vetköztesd le ebbül szépségét szüvednek,
Engedj annak, kinek mindenek engednek;

34.
Menj el szeme elöl haragos császárnak,
Adj kis ideig helyt méltó haragjának,
Nem lesz ez félelem; sőt nagy okosságnak
Fogják ezt mondani, valakik meghallják.

35.
Mi, az te barátid, itt leszünk azonban,
És módot keresünk visszahozásodban,
Titkon te ellehetsz valamely várasban,
Mig tőlünk nem értesz mit bizonyossabban."

36.
Ily tanácsok után szüve meglágyula
Vitéz ifiunak; mindjárt készül vala,
De csak másodmagával onnan indula
Dumán névü lován, s tülök elbucsuza.

37.
Ez elment békével, Demirhám azonban
Nem nyugszik, sőt töri elméjét magában;
Ő szüve nyughatatlan minden órában,
Mert Deli Videt megesmérte már harcban.

38.
És neki megeskütt, hogy harcra visszatér
Mihent alkolmatosságot és üdőt ér,
És hogy török császártul hitlevelet kér,
Mellyért Deli Vidot más bántani nem mér.

39.
Eddig mind haladott az ő akaratja,
Mert néha egy, néha más volt akadályja;
Mostan penig immár az szüve furdalja,
Ez harcot véghez vinni szübül kivánja.

40.
Eleibe hiva azért egy követet,
Az mely azelőtt is vitt sok követséget,
És néki illyen mód kezdé beszéllését:
„Sahnan, véghez vinned kell egy követséget.

41.
Vitéz Deli Viddal, akarom, légy szemben,
Megmondd néki: nincsen feletközés bennem
Az kire feleltem, én azt végben vittem,
Őnéki császártul hitlevelet küldtem.

42.
Ne féljen senkitül, jüjjön ki mezőre,
Csak én magam neki vagyok ellensége,
Énrajtam mutassa, van-é vitézsége,
Ű is meglátja, mit tud Demirhám keze."

43.
Sahmán elindula szép Sziget-várában,
Integet távulrul, hogy követségben van.
Beereszték azért szigeti kapuban.
Ottan Deli Vidot kérdezi, hogy hon van.

44.
Mikor megesmére Sahmán Deli Vidot,
Őhozzá békélvén lassan fejet hajtott,
Osztán bátor nyelvvel őnéki igy szóllott:
„Demirhám engemet, Vid, tehozzád küldött.

45.
Hogy ha te vitéz vagy, azt izené néked,
Jer ki az mezőre, ottan van te helyed,
Demirhám kezét is ottan megesméred,
Ő halálos bajra ottan jün ellened.

46.
Senki ellenséged más nem lészen néked,
Csak maga Demirhám harcol teellened.
Deli Vid, te eztet szentül elhiheted,
Mert ihon császártul vagyon hitleveled."

47.
Mint tüz, Vid ugrott haragos gondolatban,
Nem tarthatja haragját tovább magában,
Mond az töröknek: várjon, de kevés szókban,
Osztán az nagy urhoz mene belső várban.

48.
Lábához békélvén, kezde esedezni,
Hogy ne neheztelje harcra ereszteni.
Noha nem örömest, de nem tud mit tenni
Bán, Vidot bocsátja halálos bajt vini.

49.
Vid várbul kijüve, mint egy keselyő sas,
Kinek orra, körme fegyveres és horgas;
Igy Deli Vid körül mindenütt fényes vas,
Sisakja fejében haragossan tollas.

50.
Mond osztán kövernek: „Eredj te uradhoz,
Mondjad néki, Deli Vid kezében mit hoz"
(Dárda vala kezében): „várjon hát ahoz,
Hol meglátott első nap, közel patakhoz."

51.
Sahmán követséget megvivé urának.
Annak csuda gondok szüvében befolynak;
Sokat fohászkodik ő az nagy Allának,
Sokat Mahometnek, fogad szent Alinak.

52.
Ötven tinót vágata ő szegényeknek,
Hogy Istentül szerencsét néki kérjenek;
Sok pénzt talismánoknak és derviseknek,
Sokat oszta mindenfelé szegényeknek.

53.
Soha Demirhámnál magas ég nem látott
Istentelenebbet, de lá, mégis hajlott,
Az mikor közel veszedelemhez jutott;
De késő ollyankor sietni tenni jót.

54.
Mert nem jó akarat őtet arra hajtja,
Hanem az előtte forgandó nyavalya.
Mindenkor jót tégyen ember, ha akarja,
Istentül jutalmát hogy készen találja.

55.
Meddig az két vitéz harcra készül vala,
Addig Zrini Miklós vigyázásban álla,
Hogy mi csalárdságot török ne inditna,
Mint pogány ellenségnek szokása vala.

56.
Végre megnyittatá szép Sziget kapuját,
Kapuig elkéséré vitéz szolgáját,
Sok vitéz szavával ujétja kész voltát,
Késérőül ada mellé kétszáz szablyát.

57.
Vid mégyen előttök, mint gállya tengeren,
Kinek sok vitorlája leveg az égben,
Mert rettenetessen strucctollat fejében
Mozgatja forgószél, dárda forog kézben.

58.
Másfelől Demirhám, mint nevelt méreggel
Napkeleti sárkány, rakva gondos tüzzel,
Ezer gyumlia jün, ezer szpahi evel,
Jün Amirassen is husz száz szerecsennel.

59.
Maga is az császár egy dombrul alá-néz:
Mit csinál szerecsen és keresztény vitéz.
Holtnak immár ő tartja Vidot, mert emez
Elhitette vala császárral, hogy meglesz.

60.
Mikor közel Vidhoz Demirhám eljuta,
Hangos torkkal néki illyenmód kiálta:
„Egésségel, Deli Vid, horvát levanta!
Miért ily későn jüsz te fogadásodra?

61.
Igy felel Deli Vid: „Én későn nem jüttem,
Most itt vagyok, mostan küldöttél érettem;
De talán még ma Isten megadja érnem,
Megbánod, idején, hogy kihittál engem."

62.
„Te magad sem tudod, Deli Vid, mit beszélsz,
Mert immáron engemet talán holtnak vélsz.
Kezeden, lábadon látom, mely igen félsz:
Méltánn is, mert lelked majdan pokolban vész."

63.
Igy monda Demirhám, de Vid illyenképpen:
„Pogány eb, nem pokol az én lakóhelyem;
De nem disputálni én teveled jüttem,
Hanem hadd váljék meg, mit tudunk mi ketten."

64.
Illy szók után gyorsan reá rugaszkodik,
Alatta fekete föld ugyan rözzenék,
Villámás módjára dárdája kitünék
Kezébül, de Demirhám gyorsan elugrék.

65.
De még sem volt oly gyors, mint az sebes dárda,
Mert páncérát oldalán mind megszaggatá.
Török páncérábul drádát kiszakasztá,
S magáét Vidra készületlenül hajtá.

66.
Az Vid paizsában kár nélkül megakadt.
Ottan mindkettőnek kard kezében akadt,
Az két erős fegyver hány tüzes szikrákat,
Ars, Márs, közöttük forgatják magokat.

67.
Néha öszvemennek, néha eltávoznak,
Mint ágyubul kilütt fényes, tüzes labdák,
Mellyek levegőben öszvetalálkoznak:
Igy cselekesznek ezek vitéz leventák.

68.
Nehéz fegyver alatt Demirhám fuj lángot,
Nem ád Deli Vidnak semmi nyugodalmot,
De Vid sem aluszik, mert közel már jutott
Minden szerencséhez, s jól forgatja kardot.

69.
De ihon szerecsen talpra emelkedék,
Mint déli késértet, nagyobbra nyujtozék,
Kezétül nehéz kard magasra viteték,
Honnan sebességgel Vid fejére esék.

70.
Mint iszonyu menykü, porrá té sisakját
Vidnak, meg is töré haragos homlokát,
Kiért csaknem esni eleresztém magát,
Kiért esni ereszté mind az két karját.

71.
Akkor vigassággal török sereg kiált,
Deli Vid éltében, azt tudja, véget lát,
Körösztyének közzé esék penig bánat;
De gyorsan szerencse megforditja magát.

72.
Megélledt Deli Vid, kézben vette szablyát,
Töröknek ketté vágá fényes paizsát,
És azon csapással megsérté oldalát;
Második csapással eltöré sisakját.

73.
Nem is hágy nyugodni az vitéz töröknek,
Ujitton ujitja hatalmas kezének
Nehéz csapásait. Az törökök félnek,
Demirhám barátjai igen rettegnek.

74.
Demirhám, ez volna néked végső órád,
Hogyha megtarthatná török fogadását,
De ő meg nem tartja sem hitit, sem szavát,
Ihon most is megszegi eskütt mondását.

75.
Mikor Amirassen látja társa dolgát,
Hogy rettenetes harcban Demirhám lankad,
Vid peniglen magával még jobban birhat,
Török seregeknek felszóval igy kiált:

76.
„Nem fogja-é szégyen vitéz szüveteket,
Hogy ennyi seregért tészünk föl egy lelket?
Talán letettük régi emberségünket,
Vagy számmal nem győzzük kaur seregeket?

77.
Alig van százunknak egy-egy ellenségünk,
Mégis ez gyalázatos bajvivást nézzük.
Evel érdemessé Deli Vidot tesszük,
És talán nagyobbra magunknál böcsüljük.

78.
Ah, ne lússák Szigetet, ezek az ebek!
Az kik Deli Viddal nézni harcra jüttek,
Hogy azután soha ne kérkedhessenek.
Hogy bosszuságunkra várba visszatértek."

79.
Ezt mondván, Karabul jó lovát forditá,
Az maga seregét magával ragadá,
Vidot nagy erővel hátul megtaszitá,
Sebessége miát csiddal nem hajthatta.

80.
Deli Vid ezt látván szüvében félemlett,
Mert látja körüle szerecsen sereget,
Azt mondám, hogy ő fél, de nem, hogy megijedt;
Nem ijedt ő, noha látja élte végét.

81.
Ő Karabul lónak megkapja fékszárát
Bal kézzel, jobbikkal felemeli kardját,
Amirassennek is ketté vágja nyakát,
Holtan letaszitja másfelé derekát.

82.
Csudálja Demirhám ezt az történetet,
Mert (meg kell vallani) nem ő kedvébül lett.
Vid peniglen kiált: „Megszegted hitedet,
Pogány eb, megvetéd az te Istenedet.

83.
De Isten is megvet, Demirhám, tégedet,
Végre is kezemben adja életedet."
Felelne Demirhám, de most nem felelhet,
Mert többivel eggyüt öszvekeveredett.

84.
Szégyenli és pirul, s próbálja tartani
Török seregeket; de ha nem hallhatni
Az nagy kiáltás közt, heában fáradni
Őnéki hát itten - - - - - - - - - - - - - -

85.
Deli Vid peniglen, mint az könnyü evét,
Karabulra ugrott, s járja az sereget.
Már az török sereg öszveegyeledett
Az kétszáz vitézzel, ki állott Vid mellet.

86.
Gyamer nagy csapással levágja Sár förét,
Amaz jajgatással fujja porban lelkét;
Kenán Palikutyát, de János Mehmetet,
Eivast, Bahtiárt, Pirkuchot, Békzadét.

87.
Jahia Zaim is Pál miát életét
Föld alá bocsátá, de Pálnak gégéjét
Megnyitá Beriel szablyája, és vérét
Kegyetlenül kostolá, s ott hagyá éltét.

88.
Mikor ezt meglátá szigeti Zrini bán,
Hogy nem állandó császár fogadásában,
Ötszáz karddal kimegyen s fegyverderékban,
Maga segitséget visz elő nagy bátran.

89.
Az törökök ütet megláták messzirül,
Mint ártalmas szélvészt hajós lát tengerrül;
Szaladnak előtte igen képtelenül,
Mindenik magárul gondol, nem társárul.

90.
Deli Vid peniglen, mikor magát közben
Látja számlálhatatlan török seregben,
Kardja nem használhat, látja elméjében,
Ily mesterséget gondol gyorsan szüvében:

91.
Egy holt gyumliárol az kápát levészi,
Azt mind tollastul maga fejében tészi,
Ő szalad egyaránt, merre sereg viszi,
Zrini előtt merre szerencse vezérli.

92.
Zrini penig hátul viszi nagy dárdáját,
Mint vitorlás gállya az nehéz árbocfát:
„Deli Vid! Deli Vid!" nagy torkával kiált,
De Deli Vid néki most választ nem adhat.

93.
„Hon vagy, édes szolgám, Deli Vid, hon vagy te?
Élsz-e? Török szablya vagy megemésztett-e?
Felelj meg, hogyha élsz!" Igy jár az seregbe
Zrini, könyvei tellyesednek szemébe.

94.
Azt gondolja vala, hogy Vidot megölték,
Azért szüve nagy keserüségben ugrék,
Futó török után gyorsan rugaszkodék,
Egyedül ő maga közben keveredék.

95.
Ki ád nékem oly eszt, irhassam ez dolgot,
Zrini mely rettenetes harcot inditott?
Miképpen előtte az pogány test hullott,
Mint szalma tüz előtt, oly hirtelen omlott.

96.
És te vagy legelső, Kaszum kapidzsia,
Az kinek életét Zrini bán elvonyá,
Azután Balbazán, Pirkuch és Kahrina
Maga vérét, lölkét az fövénybe nyalja.

97.
Holttestek között jár, mint kegyetlen Halál,
Török vérben gázol, mint tengerben kűszál,
Senki ő eleiben fegyverrel nem áll,
Bajvivó társára senkire nem talál.

98.
De ihon Olind bék szégyenli futását,
Látván vezérének ottan nagy halálát,
Megforditja Zrininek azért orcáját,
Merevényen tartja kezében nagy kardját.

99.
Öszvecsap Zrinivel, de egyenetlenül,
Mert halva az földre ő eleibe dül.
Ő keserves lelke nagy föld alá röpül,
Zrini penig máshová megy kegyetlenül.

100.
Ő levágja Hajdárt, Mussát, Bajazetet,
Nagy testü Murtuzánt, fegyverü Rechepet,
Végre Aigas basának elcsapja fejét,
Nagy sötét fölyhővel befödi életét.

## Pars duodecima
### (Tizenkettedik ének)

1.

Bujdosik nagy Delimán másod magával,
Nagy gondokat hordoz mindenütt magával,
Küszködik busulásinak nagy habjával,
Idegen földön jár, rakva bátorsággal.

2.

Ül vala egykoron harmatos hajnalban
Egy igen szép dombon és szellős árnyékban,
Eleiben tünék Cupido haragban,
S ily haragos szókat beszélle magában:

3.

„Vagy megkissebbedett-é az én hatalmam,
Hogy én ezt az embert megbirnya nem tudom?
Talán nem oly erős az én nyilam s ijam,
Mint mikor megbirta Marst én vitéz karom?

4.

De, az mint én hallom, nem kissebb ez Mársnál,
Sőt minden termete deliább nálánál;
No, majd meglátom én, vitézség mit használ,
Ha szép termetedben sebet nyilam csinál.

5.

Begyógyult már sebed, kit azelőtt csinált,
De ez az mostani tenéked hoz halált;
Soha el nem felejted többször Cumillát,
Valamig fogsz élni, császár szép leányát."

6.

Ezután kitölté puzdrábul sok nyilát
Kegyetlen istenfia, és nézi vasát;
Nézi mindeniknek mérgét és fulánkját,
Keserves sebcsináló titkos hatalmát.

7.

Azok közül egy rettenetest választa,

Mely nagy ohajtással timporálva vala;
Siralom és bánat ő hegyes fulánkja,
Rövid gyönyörüség vala fája s tolla.

8.
Ez járá meg szüvét Vénus királynénak,
Rontá el vig kedvét az istenasszonnak,
Mikor nézte halálát szép Adonisnak,
S kezével törlötte sebét ifiunak.

9.
Ezt ijában tévén az füléhez vonyá,
Vitéz Delimánnak szüvében bocsátá;
Nyil láthatatlanul ő szüvét megjárá,
Minden mérges nyavalyát középben hagya.

10.
O, hányszor jün néked abban az órában
Cumilla szép szeme nagy gondolatodban?
Hányszor Cumilla név jün elől szájadban,
Vitéz Praecopita, csak egy pillantásban?

11.
Ha az fülemüle sirását hallgatja,
Annak bujához magáét hasomlitja;
Ha derült egeket az ő szeme látja,
Cumilla szépségét nagyobbnak gondolja.

12.
Ha foly az folyóviz, vagy szép csurgó patak,
Az ő szemei is mind egyaránt folynak;
Ha az gyönge szellők ágok között fujnak,
Az ő bánati is nyughatatlankodnak.

13.
És igy szól magában: „Cumilla! Cumilla!
Miért tészesz engemet boldogtalanná?
Ezt az sok ohajtást, kit busult szü fuja,
Miért az te kemény lelked meg nem hallja?

14.
Miért én sirásimtul te meg nem lágyulsz,
S nem látod bus szememet, könyvekben mint úsz?
Te penig talántán nyavalyámtul gyógyulsz,
És az én kinomban te semmit nem is tudsz.

15.
Maga az fényes nap és ez az derült ég
Nálad nélkül énnékem sürü sötétség;
Ez az kikeleti mezei külömbség
Énnékem unalom és nagy keserüség.

16.
Tengelic éneke, pintyőke sirása
Nálad nélkül, mint baglyok huhogatása;
Lengedöző szellők, csurgóknak folyása,
Mint szélvész háboru, és Lethe forrása.

17.
Hej, csak szép szemeid vigasztalnak engem!
Minden boszuságot enyhitenek bennem.
De talán megcsalom magamat én ebben,
Talán gyülölsz Cumilla, édes szép gyöngyöm!

18.
Rustan bék halála, melytül véres kezem,
Talán szemeid előtt gyülöltet engem?
De inkább mit bánnád, hogy aztot megöltem,
Holt ebtül szépségedet hogy megmentettem.

19.
Ihon hozzád mégyek, tégy boszut énrajtam!
Magad kezeitül lelkemtül fosztassam.
De nem lehet, hogy ollyan kegyes orcában
Lakjék kegyetlenség, s kárt valljon Delimán."

20.
Igy szól vala tatár, és lovára ugrék,
Gondolá, sok buja talán mint enyhödnék;
Heában, mert kis isten nyergében ugrék
Előtte, s kezében vala vezető fék.

21.
Szerelem istene Delimánt vezeti
Oda, hon nagy tüzben taszitani véli.
Landor-Fejérvárban azért elkéséri,
Cumilla ölében ottan elmeréti.

22.
De Cumillának is hasomlatosképpen
Szüvét átallüvé vak nyilával éppen.
Ő is, mint szarvas gém, futkos az erdőkben,
Kinek nyillal csinált vadász sebet mellyben.

23.
Igy ég az Cumilla szerelem mérgétül,
Mert sebesittetett Cupido Istentül,
Nyughatatlankodik, vagy jár, vagy áll, vagy ül,
Egy hüvének ily szókat ejte mellyébül:

24.
„Fáti, édes anyám, mely sürü árnyékok
Járják én elmémet, ugyan elájulok;
Mely kegyes vendéget mi füldünkben látok,
Lű tüzet énbelém, kitül én gyulladok.

25.
Vagy hogy Márs öltözött kis isten tüzében,
Vagy Cupido Márs haragos fegyverében,
Mindenhez Delimán hasomló termetben.
Talán mind az kettőt meggyőző ő szépségben.

26.
Mely isten forgatja most az én elmémet,
Hogy azt szeressen, ki megölte férjemet?
De boldogtalan én, szeretem vesztőmet;
Talán szintén Delimán gyülöl engemet.

27.
Talán azért gyülöl, Rustán társa voltam,
S én azért szeretem, hogy szabadittattam
Vitéz keze által.
Ah, szüvem Delimán!

Előttem is unalmas volt pogány Rustán.
### 28.
O, hányszor kivántam végét életemnek,
Hogy ne fekügyem mellette az holt ebnek!
Hányszor fohászkodtam az szent Mahometnek,
Hogy fertelmes ágyátul megszabadulnék!
### 29.
Igy hozta az fátum. De ki mondja néked,
Hogy alázatos Cumilla szeret téged?
Fáti édes anyám, elvesztem elmémet,
Talán aval eggyütt unalmas éltemet."
### 30.
Igy szól vala Cumilla. De vén orvossa
Néki orvosság helyett cicutát ada.
Ő mesterséges csinált szókat gondola,
Kivel az ő kedvét jobban megkapcsolá.
### 31.
„O, Cupido isten! Nagy az te hatalmad,
Mert minden rendeken uralkodik karod,
Néked nem nagy király, sem urad, császárod;
Mind szépség, vitézség, néked hoznak adót.
### 32.
Szöbb lélek szöbb testben nem szorúlt ez földön,
Mint, édes leányom, Cumilla, tiedben;
De szépség nem hoz bátorságot semmiben,
Enged szépség, ha lát Cupidót fegyverben.
### 33.
Bölcsesség nevével tusakodnak ellen
Világon némellyek, s nem vészik eszekben,
Hogy végre erejét igen keserüben
Magokon meglátják, ki van kis istenben.
### 34.
Akkor eszeveszettek bujdosnak világon,
Mint nyillal lűtt medve vándorol barlangon,

Mely dictámust nem talál. Nevet ily dolgon
Cupido, s boszuját vészi az bolondon.

35.
Hát miért idejét vesztened heában
Szép ifjuságodnak, s mi haszon abban?
Nem-é ez az kék ég, kit látunk magasban,
Közli velünk szépségét és örül abban?

36.
Nem-é ez fényes nap, az mely szöbb mindennél,
Osztja fényét közinkben, s mi élünk evel?
Ha föld jóságát röjtené irigységgel,
Elveszne ez világ csak egy kis üdővel,

37.
Az jót és az szépet az Isten rendelte
Másoknak hasznára, s ember, mely kémélte
Másoktul javát, Isten kedvét megszegte,
És haszontalanul az földben temette.

38.
Nem kell néked futnod vitéz Delimántul,
Melynek hire futott Vöröstengeren tul,
Melyben szépség, vitézség jüttek lakóul;
Jobb férjet nem kivánhatsz te nagy Allátul."

39.
Igy szól vala Fáti, tüzre olajt önte;
Cumilla tisztességét hátra vetette,
Sem az nagy császár atyját meg nem böcsülte,
Kis levélre könyvével ily szókat önte:

40.
„Csudálni te fogod én vakmerőségem,
Vitéz Delimán, kit magam is esmérem,
De ha az az isten, az mely bir énvelem,
Igy hagyta, ne csudáld, ihon jó mentségem;

41.
Azért te ezt igy érts: minthogy győzhetetlen

Kézzel téged megáldott kegyelmes Isten,
S van hatalmas minden ellenségid ellen,
Ihon én is rabul mégyek teelődben.

42.

De ha csak azoknak mutatod erődet,
Az kik ellenségül birkodnak ellened,
Nem bántod hat ezt az nyomorult fejemet,
Ki böcsül, ki tisztel, ki imád tégedet.

43.

Ha gyülölsz, ha társom vétkébül énreám
Ragadott valami: ne szánjon Delimán,
S légyen annyi kegyetlenség az ő kardján,
Haljon meg őmiátta Cumilla leán.

44.

De ha leányságomat néked tartották
Diána társai, szép istenasszonkák,
Vedd jó neven; ha ugy sem, tarts hát rabodnak,
Parancsolj Cumillának, te szolgálódnak."

45.

Igy ira, s elküldé egy kis inasátul,
Vára nehéz szüvel választ Delimántul,
Gyógyulása lehet, gondolja, csak abbul.
Delimán ily levelet külde válaszul:

46.

„Látom, igazán szolgáltam istenemet,
Hogy ma megláthatom én jobbik lelkemet;
Meggyőzetett győzte győzödelmeseket,
Azért én elődben viszem rab fejemet."

47.

Nem késék sokáig Delimán azután,
Cumillához mégyen, szüvében hordozván
Nagy örörmét, és hamar ott lenni kiván,
Az hon Cupidónak vetett hálója van.

48.

O, mely igen tudatlan ember elméje!
Ha tudná némellyik, mi lesz jüvendője,
Sok cselekedetét bizony elkerülné,
Delimán Cumillát bizony elkerülné.

49.
Futtok egymás után, mint egy szerencsések,
De majd mind ketten lesztek szerencsétlenek.
Vaj, ki szörnyü cérnát Párkák fonnak néktek,
Egyszersmind szakad el evel örömötök!

50.
Mit mondjak ezeknek öszvejüvésérűl,
Szerelmes ifiaknak sok szerelmérül?
Duplázzák csókokat egymás szája körül,
Venus triumfusán kedves szüvök örül.

51.
Mint borostyán fával öszvekapcsolódik,
Mint kigyó oszlopra reá tekereszik,
Bachus levele is fára támaszkodik,
Ennyi mód két phoenix öszvecsingolódik.

52.
Hallgass tovább, Musám. Az török táborban
Sok idegen nép között nagy zöndülés van,
Mert sok ezer török kapitán nélkül van;
Csak amga egyedül forgódik kajmékán.

53.
Mind kegyetlen tatár, mind merész szerecsen,
Sok láb, és sok erős kéz, de mind fejetlen,
Kevély töröknek is szintén azonképpen
Elveszett vezérek s basájok mind éppen.

54.
Nem látnál köztöttök, csak titkos suttogást,
Félelemmel kevert sok gyakor ohajtást:
Ki ohajtja Idrizt, Olindot, ki Aigást,
Minden maga vezérét és nagy kárvallást.

55.
És egykor csoportostul öszvegyülének
Immár estve felé mindenféle népek,
Törökök, tatárok, geták, szerecsenek,
Egy közzülök igy kezde szólni ezeknek:

56.
„Ugyan mind örökkén vakká kell-é lennünk,
Vagy veszedelmünkre szemünket bekötnünk?
Vajon tisztesség-é, ha bolondul veszünk,
S vérünk hullásával kaurt mi tisztelünk?

57.
Megaggott az császár az ő elméjében,
Megkötötte magát vakmerőségében;
Azt mondja, hogy bemegy erővel Szigetben,
Ha török nem marad csak egy is életben.

58.
Metszen osztán várral, metszen császársággal,
Ha ezt betölteni akarja haraggal;
De miért mondom, ha, lám ugyan bizonnyal
Nem gondol semmit is törökvér-omlással?

59.
Vezérek és basák és kemény vitézek
Erős Zrini kardjátul megemésztöttek,
Hány ezer muszurmán fekszik őmellettek,
Prédául hollóknak s körösztyén ebeknek?

60.
Mindezeken vallyon szüve megmozdult-é?
Ily vitézekért egy könyvet hullatott-é?
Nem, nem, hanem még inkább lett kegyetlenné,
Mindnyájunkat örömest egyszer vesztene.

61.
Ihon magyar király jün reánk nagy haddal:
Ki megyen előttünk okos rendtartással?
Sátorban lesz császár ravasz kajmekánnal,
Mi fejetlenül mit teszünk kézzel, lábbal?

62.
De mi minden kárunkat elfelejtenénk,
Ha vitéz Delimánt előttünk nézhetnénk,
Némettül, sem magyartul, akkor nem félnénk,
És minden dolgunkban szerencséssé lennénk.

63.
De ki tiltja nékünk, hogy vissza ne hozzuk,
Császár ellenére is, mi fényes holdunk?
Fele az tábornak érette fáradjunk,
Kérésünkkel ütet is visszahozhatjuk."

64.
Igy zavaros szókkal szól vala Deriel,
Mindnyájan követnek ütet választák el,
Hogy Delimán után menjen tizezerrel,
S valahol találja, szép móddal hozza el.

65.
De okos császárnak ez, hogy hirré esik,
Okos szüvében igen megkeserödik,
Látja, méltóságát közrendek keverik,
Magában elméjével igen tanácskozik.

66.
„O, mely külömböző az községnek dolga,
Kis szerencse-szellő az mellyet hordozza,
Ma mutat jó kedvet, ha jó állapatja;
Ha holnap nem tetszik, haragra forditja.

67.
Méltóság, mely erős uraság oszlopa,
S ihon most rossz gaznép lába alá nyomja;
Ellenemre Delimánt visszahivatja,
De ennek is lehet talán orvossága.

68.
Jobb tahát nékem vélek nem tusakodnom,
Hanem Delimánért követet bocsátnom.
Én küldök, és nem ők, osztán illyen módon
Megcselekszem, méltóság rajtam maradjon."

69.
Igy gondola császár, és igy cselekedék,
Vitéz Delimánért Ferhat bék küldeték,
Az nagy zenebonát is megcsendesziték
Az okos kajmekán és ravasz Halul bék.

70.
Ferhat megy sietve, s Delimánt találja
Cumillával eggyüt szép Fejérvárába,
Azért beöltözik minden okosságba,
Császár követségét kitevé ily szókba:

71.
„O, vitéz atyának még vitézebb fia!
O, Mahomet-hitnek legszebbik virágja!
Császár köszönettel az ő fejét hajtja,
Az mely földön fölött mindeneknek ura.

72.
Néked hajtja fejét, s azt izeni néked,
Hon van vitézségre te inditó véred?
Hon van kaur véren nyert jó hired-neved?
Talán kész vagy azokat mind elvesztened?

73.
Ihon Sziget-vára vagyon csak esőben,
Maga is immár Zrini esett kétségben,
Türheted-é, ily próbán hogy ne légy jelen,
S vitéz kezeidet ne keverjed vérben?

74.
Néked ez pálmának tartatik az ága,
Tied, és nem másé, lesz ennek jutalma,
Megelégszik császár, hogy láb alá nyomta
Zrinit, mely kaur közt legnagyobb leventa.

75.
Cumillát is tenéked adja két kézzel,
Mert nem akart ezért pörölni Istennel.
Rustán halálát is bátran felejti el
Az mely maga játszodott veszedelmével.

76.
Téged az tábor is egyenlő kedvvel vár,
Török és szerecsen, nemcsak krimi tatár,
Jűj el hát közinkben s ne neheztelj immár,
Téged csak aliglan vár Szulimán császár."

77.
Kegyetlen tatárnak szüve meglágyula,
Mikor maga felől dicséretet halla;
Mert ő nyavalyát császárnak kivána,
Azért, vitézséggel hogy ütet kihozná.

78.
Most immár császár dolgát oly kárban látja,
Hogy segitség nélkül vagyon romladóba,
Azért bátorsággal végezi magába,
Hogy elmegy segétségre török táborba.

79.
Másfelől mit csinál, és mit nem keserög,
Szép szemü Cumilla, kinek az szüve ég;
Szörnyü jüvendőket elméje forgat még,
Végre ura előtt nyelvét igy nyitá meg:

80.
„Kegyetlen, mit készülsz az török táborban?
Tudod-é, egy lépés onnan koporsóban?
Vagy császár, vagy hogy más talál halálodban
Okvetetlen módot boszuállásában.

81.
Illyen-é én uram, mint egy kis cinege,
Mellyet oly könnyen sip csalogathat lépre?
Higgyed, higgyed, uram: Sirena éneke
Az, mit Ferhat tenéked mostan beszélle.

82.
Eleszté az hadat császár Sziget alatt,
Már te veszéseddel akarja jutalmát;
Te vitéz fejedbül tenni akar prédát,
S végezni akarja ezzel trgédiát.

83.
Vagy hogy soha nem kell urát boszontani,
Vagy hogy, ha cselekszi, messzi kell kerülni;
Boszut azok nem tudnak elfelejteni,
Csalogatnak, sipolnak, de nem kell hinni.

84.
De veszedelemtül látom, hogy te nem félsz,
Szerencse forgandóságát semminek vélsz;
Én szüvem, én lelkem, engem hát hová tész,
Ha veszedelemre szerencsétlenül térsz?

85.
Azt mondod, hogy szeretsz jobban temagadnál,
Ennek bizonsága csak egy dologban áll:
Őrizd az éltedet, mellyen az enyim áll;
Nem állhat borostyán, ha ledül az töly-szál.

86.
Most látom igazán, nem én szerelmemért
Te megölted Rustánt, de kegyetlenségért.
Kegyetlen, nem gondolsz most is Cumilláért,
Őhelyette inkább te kivánsz pogány vért.

87.
Kegyetlen, ha csak vért kivánsz te elmédben,
Nyisd meg az én mellyemet: vagyon vér ebben;
Igyál, ne szomjuzzál; szerencsétlenségem
Soha nem lehet kissebb ennél énnékem.

88.
De hogy holtod után sebeidet nézzem,
Üres ereidet számlálva szemléljem,
Azt tudod-é, lehetne óráig éltem?
S nem elég ez az kéz, hogy megnyissa szüvem?"

89.
Mit csináljon tatár? Ide vonz tisztesség,
Oda Cumilláért, mint kénkű, szüve ég;
Őbenne hadakozik két nagy ellenség,
Mellyek közzül győzé végre az tisztesség.

90.
És igy szólla társának: „O, szüvem gyöngyöm!
O, szemem világa, o, én jobbik lelkem!
Törüld meg orcádat, és ne sirass engem,
Ne jüvendőlj gonoszul, kérlek, felőlem.
91.
Csak fél embernek vélsz, ha féltesz kaurtul,
És hogy ugy irtóztatsz az Zrini kardjátul,
Nem félek császárnak én ravaszságátul,
Mikor kérdezhetek tanácsot szablyámtul.
92.
Azt tudod-é, Zrinit nem láttam soha is?
Tudnod kell, hogy voltam én benn Szigetben is.
Egyedül kergettem én ezereket is,
Mégis az Mahomet megtartott eddig is.
93.
Homlokunkon vagyon mi szerencsénk irva,
Kerülje és fussa, de nem távozhatja
Senki is halálát, ezer közt meghagyja
Szerencse, kit Isten másra választotta.
94.
Nem visz engem, higgyed el, az kegyetlenség
Az illyen próbára, bolond vakmerőség,
Hanem erővel huz az drága tisztesség,
Légyen, ha kell lenni, az én éltemben vég.
95.
Valamint te most félsz, szerelmes Cumillám,
Ugy fogsz ismég örülni, mikor látsz rajtam
Prédát, mellyet Zrinirül kézzel levontam,
S ő hitetlen testét az ebeknek hántam."
96.
Mit tegyen Cumilla s minemü erővel
Delimánt szándékátul távoztassa el?
Nem tud ő mit tenni, csak sürü fölyhőkkel
Sok fohászkodását látja röpülni el.

97.
Azért kételenül elkészül az utra,
Noha jüvendőjét Delimánnak tudja,
Szép térdeit földre sok sirással hajtja,
És igy az nagy Istennek könyörög vala:

98.
„Égnek ura, mit vétettem én ellened,
Hogy ennyire kelljen rám kegyetlenkedned?
Talán ártatlanságom inditja mérged,
Talán kit teremtél, nem nézhet rá szemed.

99.
Megütéd Enceladust szörnyü küveddel,
Ixiont szaggattatád sasok körmével,
Kis kinok, ha mérem azokat enyimmel,
Nem fájdalom, hon csak test szenved türéssel.

100.
Hiszem talán nem vagy kin-találó isten,
Ha istenségedhez nem illik kegyetlen
Titulus, miért hát nagyobbat énnékem
Keressz kint, s meg nem ölsz engem most hirtelen?

101.
Mert nincsen fájdalom az én ép testemben,
Bár szaggattatnám Prometeus helyében,
Hanem én türésem van szegény lelkemben,
Az minden türésnél nagyobb szenvedésben.

102.
Én ifiuságomat dög mellett vesztém,
Halálrul életre csak most emelkedem,
Mikor vitéz uramra én szert tehettem,
Szerencse de azt is elviszi előlem.

103.
Azért kérlek téged, te hatalmas Isten,
Delimánt veszedelemtül ily hirtelen
Ments meg, avagy hogy ha Zrini kardja ellen
Nem vagy elegendő, ölj meg előbb engem."

104.
No, megindult Delimán szép Cumillával,
Sok török elejben jün nagy vigasággal.
Nem messzi tábortul egy szép kutforrásnál
Sok társaival eggyüt Delimán megszáll.

105.
Biztatja Cumillát Delimán, de amaz
Számtalan sirástul még mind jobban száraz.
Bu bánattal eggyüt szüvében rágalmaz,
Fa és fű kemény télen igy egyaránt száraz.

106.
Cumilla urának szomakját szablyárul
Levészi kezével, s kiván innya abbul,
Amaz kutra megyen, vizet hoz forrásrul;
Nem tudja, társának vége légyen abbul.

107.
Mert mérges sárkánnyal egyszer vagdalkozott,
S hüvelyében tenni akarta az kardot,
Szomakjában egy csöp vér beszállankozott,
Melyrül ő maga is semmit is nem tudott.

108.
Méreg volt; Cumilla mert mikor megivá,
Szép testét, erejét mindenütt megjárá.
Életét nagy kinnal testébül kizárá,
És valamint kivánt, maga is ugy jára.

109.
De mit csinál Delimán illyen látatban?
Nem mondhatom, ha volna száz nyelv szájamban;
Mind törököt, tatárt rak halva halomban,
Mutat kegyetlenséget önnön magában.

110.
Fegyverét elhányá, ruháját szaggatja,
Meztelen az fákat tövébül rángatja;
Nem kiált, de ordit oroszlány módjára,
Valahol kit talál, öl, ront és szaggatja.

111.
Két nap és két éjjel igy jár az erdőkön,
Aztán mikor eszben vette magát későn,
Felszedi fegyverét s öltözik köntösben,
Boszut akar állani mert keresztyénen.

## Pars decima tertia
*(Tizenharmadik ének)*

1.
Isten az embernek vezérli ő dolgát,
Isten megjegyezte mindennek határát,
De senki ne gondolja általhágását,
Ne is félje, mig nem ér oda, romlását.

2.
Hány harcokon forgott bán, és hány veszélyen?
De őrző angyala megtartá ezekben,
Az ő órája is eljün, ki messzebben
Nem lehet, vitézül kell meghalni ebben.

3.
Deli Vid török közt ellenségképpen járt,
Ezerek között is soha nem vallott kárt;
Előtte, mellette halál sokat kaszált,
Őtet elkerülte, vagy hogy rá nem talált.

4.
Sok százezer török járta most körülötte,
Sok van az táborban, az ki esmerhetné,
De Isten szemeknek az fényét elvette,
Azért senki ütet Vidának nem vélte.

5.
De néki is eljün az maga órája,
Melynél tovább életét el nem vonhatja;
Bizvást török tábort és bátran járhatja,
Mert senki életét addig nem ronthatja.

6.
Deli Vidnak vala egy szép felesége,
Ez asszonyok közzül csak maradt Szigetbe,
Szebb vala mindeneknél az ő szépsége,
De még azon föllyül urához hűsége.

7.
Török leány vala, de Vid hatalommal,

Elhozá egy várbul nagy erős harccal.
Haissennek hiják vala török szóval,
Körösztség megáldá de most Barbálával.

8.

Ez mikor heában várta volna urát,
Sok könyvel áztatván társa üres ágyát,
Nem tudja, életben van-é, vitéz urát,
Vagy hogy török miát szenvedett szép halált.

9.

Száll Márs ő szüvében, s nem, mint más, sirással,
Vagy nyomorult föcske hosszu jajgatással
Csak ohajtja társát, hanem bátorsággal
Fegyverezi magát ura páncérával.

10.

Páncérát, fegyverét magára fölvészi,
Urának jó kardját oldalára teszi,
Jó lóra felugrik, kopját kézben vészi,
Haját és szép fejét fátyollal tekeri.

11.

És igy török formán Szigetbül ki mégyen,
Táborban mindennel szól csak török nyelven,
Imide-amoda jár minden szegletben,
Hogyha vitéz urát vehetné eszében.

12.

Az utolsó részére tábornak megy vala,
Ottan egy nagy szerecsent előtalála:
Örömest száguldna, de nem mehet lova,
Mert az nagy testével lovát elfároszta.

13.

Látja okos asszony ennek sietését,
Gondolja, hogy nem árt kérdezni menését;
Megállitja azért szép szóval szerecsent,
Kérdezi, micsodás viszen hirt hirtelen.

14.
Amaz penig néki felel siettében:
„Ne tartóztass, kérlek, engem menésemben,
Viszek hirt császárnak, kiért életemben
Urrá lészek, de kérlek, hagyj békeségben."
15.
„Mondd meg énnékem is" (az asszony igy monda),
„Hiszem nem lehetek én semmi károdra."
Felel az szerecsen: „Amott egy sátorba
Deli Vid aluszik török ruházatba."
16.
Mikor Deli Vidot emlite az pogán,
Gondold, mi változás volt asszony orcáján;
De fél, hogy szerecsen hirt viszen udvarban,
Utánna fut, s eléri három ugrásban.
17.
Kopjával nyeregbül messzi kitaszitá,
Gyorsan szablyájával az fejét elvágá,
Jó lovára ismég, mint evét, fölugra,
De gyorsan sok török siete utánna.
18.
Mert kiáltás támad és nagy zenebona,
Azért minden török futó utána futa,
S tovább nem szaladhat az szegény Barbara,
Mert egy goromba kéz lórul letaszitá.
19.
Ezer környülfogta; kérdik: honnan légyen?
S szerecsen halálának mi oka légyen?
Ő szegény nem szólhat, nem tudja, mit tegyen,
Hazudja, Alkairban hogy lakása legyen.
20.
„Ottan egy bátyámat szerecsen megölte,
És én szemeimet eddig elkerülte."
Gyorsan talál pártot, az ki fog mellete,
Szép asszony mert lágyita mindent szépsége.

21.
Ki mondja, hogy jól tett, ki az békhez huzza;
De ily kiáltástul Vid nem messzi vala.
Azért gyorsan ugrék ő jó Karabulra,
Ő is megyen vala az nagy kiáltásra.

22.
Hát mikor oda megy, látja gyönge társát,
Hallja is fülével keserves sirását;
Gondold meg az ő mondhatatlan bánatját,
Mégis nagy okossan messzirül igy kiált:

23.
„Vitézek, álljatok, mert ez az én szolgám,
Immár sok nap lopta el fegyverem, lovam,
Az egész táborban utánna bujdostam,
Adjátok kezemben, az én birtokomban!"

24.
Azonban egy kadia oda érkezett,
Az kitül lén az Vidnak illyen felelet?
„Ehez bizonság kell, s álljon törvényszéket;
Törvény is el nem vészti el az tiedet."

25.
Elbusul Deli Vid, és ugrik haragban,
Kiált: „Pogány ebek, nem elégszem abban;
Törvény és igazság vagyon én szablyámban!
Ezután ketté vág Malkuchot derékban.

26.
Abélt és Izmailt leterité földre,
Kadiának fejét függeszti két részre,
Abaza lelkének útat nyit mellyére,
Jakult lefekteti örökös helyére.

27.
Eiuz tartja vala ő szép feleségét,
De Deli Vid kardja ketté vágá testét,
Ottan megragadja kezén szerelmesét,
Jó lovára vészi és kimenni siet.

28.
Karabul, mint madár, nem nyom nyomot földön,
De mint süvőtő nyil, megy ollyan sebessen,
Ő futhatott volna által az tengeren,
S nem esmerszett volna, hogy van viz az körmén.

29.
Látják az törökök, Szigetbe szép prédát
Viszi futó lován, s megesmerik Vidát,
Heában utánna futtatják lovakat,
Mert mint az könnyü köd, eltünteti magát.

30.
Szigetben örömmel Zrini befogadá,
Mert immár azelőtt ő megholtnak tartá.
Vid török dolgait igen megtanulá,
Mellyeket urának eleiben ada.

31.
De noha vitéz bán mind tudta ezeket,
És szemével látja nyilván veszedelmét:
Nem irtózik semmit, hanem ép elméjét
Pogánynak veszélyére tartja s nagy szüvét.

32.
Szulimán másfelől elkegyetlenedett,
Maga vére ellen kegyetlen törvént tett.
Azt mondja magában: „Ihon száz népeket
Lábam alá nyomtam, és nagy világ részét.

33.
Talán engem Mahomet hizlalt szerencsével
Azért, hogy Zrininek adjon mind ezekkel,
És ő rá ragadjon hirem én tétemmel?
Én birtam világot, s ő birjon engem el?

34.
De csalja magát, ha csak romlásomat
Az égbül neveti, ő is vall károkat:
Magammal romlásra elhuzom muszurmánt,
Kitül tisztességet vesz azután tahát?

35.
Ha ugyan veszni kell, éppen mind vesszen el,
Az egész török hir ugyis tisztességgel
Lesz, mert az Szulimánnal vitézség vész el,
Török hold és jó hir véle aluszik el.

36.
De halljuk még egyszer vezérek tanácsát,
Könnyebbitsék mégis szüvem busulását."
Ezután Szokolovics Mehmetet kiált,
Néki parancsolja, begyüjtse tanácsát.

37.
Behivá Szokolovics fő vezéreket,
Kinek-kinek rendi, leülteté üket,
Méltósággal osztán kérdi tetszéseket,
maga is fő helyre leüle előttök.

38.
Ül vala legelől az vitéz Delimán,
De keserves szüve mind busulásban van;
Nem tudja, mit csinál, és császár tanácsán
Nem adna egy ohajtást, mely megyen száján.

39.
Fölyhő-szaporitó ő bánatos szüve,
És tenger-árasztó két rettentő szeme,
Mint vasbánya-fujó az ő széles mellye,
Mert sürü ohajtást gyakran bocsát erre.

40.
Azért nem is kérdik, nem is szól senkinek,
Hanem őmellette szólni kell Al béknek;
Ez penig barátja volt holt Rustán béknek;
Okos, bátorsága de nincsen szüvének.

41.
„Adta volna Isten" (igy mond), „üdőtlenül,
Ne kezdenénk más tanácsot képtelenül,
Hanem mellyet végeztünk egyszer eszesül,
Véghez vittük volna mostan mi emberül.

42.
De mi tanácsunknak bomlott tisztessége,
Nyelv nem meri mondani, kit kiván esze,
Szabadon szóllásért Rustánnak lett vége,
Én is nem várhatok most egyebet benne.

43.
Miért kellett veszni számtalan vezérnek?
Mert helyt mi nem adtunk Rustán beszédének.
Miért feküsznek itt basák és holt békek?
Mert egy ember elrontá jó értelmünket.

44.
Ő penig maga is mit csinált, jól láttuk,
Arcul fordulva ránk futva jünni láttuk,
Az kiket mi oroszlányoknak tartottunk,
Ugy megszeligyültek, mint ölyv előtt vad tyuk.

45.
Engemet is halállal fenyeget, de haggyán!
De én tetszésemet megmondom igazán:
Immár mit tennünk nincs, mert reménség hátán
Épitenünk szerencsét leszen heában.

46.
Az bolondságok közt nincsen jobb rövidnél,
Hát mi is mienket végezzük hamar el;
S noha mienk hosszu, de jobban vonjuk el,
Nagyobb kár s büntetés siet utánna el.

47.
Azért én azt mondom: jobb még böcsülettel,
Mig nagyobb károkat nem vallunk keservvel,
Felemelnünk tábort és haza mennünk el,
Hogysem ennyi vitézt itten rontanunk el.

48.
Osztán kárunk után még meg se vehessük,
Hanem világgal magunkat nevettessük,
Vagy hagyjuk itt aztot, az ki nem jün velünk,
Vegye meg hadával, az kit mi nem merünk."

49.
Al gorombán szólla, mert noha Delimán
Az ő szava közben volt más gondolatban,
Mégis eszbe vette, ő vagyon példában;
Felugrék, s igy szólla szörnyü haragjában:

50.
„Megnyitád nyelvedet szabadon, Al, mire,
De magad sem tudod, hanem én hiremre;
Gyalázni akarnál, de fordul fejedre,
Nem ragad ebugatás az derült égre.

51.
Első vagy tanácsban, de harcban nem látott
Senki vitézségedet; nem is oly tanácsot
Adtál, ki mi hirünknek adna tisztes jót;
Egy kufár nem mondhatott volna rutabbot.

52.
Hát futott Delimán, hát szégyennel hátot
Császár szem előtt ellenségnek adott?
Hon volt akkor Al bék, mikor Szigetvárot
Vitézséggel járván kaurokat rontott?

53.
Nem ugy két Badankovics esmértek engem;
Sem vitéz Hervoics nevetkezett velem,
Sem ezer más, kit nehéz föld alá tettem.
Minden nap, minden nap ebben az seregben.

54.
Kérkedésért mondod-é, hogy félsz éntülem,
Álnok róka, s annyi félelem szüvedben?
Ne félj, bizonyossan mert illyen rosz vérben
Vitéz kezeimet meg nem förtőztetem.

55.
Lakjék benned lelked, noha érdemlenéd,
Hogy egy jegenyefát megnehezitenéd,
De most tanácsotokra megtérek innét,
S mondom, ne gondoljunk illyen szégyeneket.

56.
Küldje ki az császár meztelen szablyáját,
Aval minden népnek mutassa haragját,
Itthon gyalázattal öljék meg az ollyat,
Ki ostromnak nem viszen tüzet, lajtorját.

57.
Én megyek, én elől, s rettenetes kézzel
Szigetnek bástyáját láttokra rontom el;
Száz Zrini előmben jüjjön, vassal, tüzzel,
De megyek ellenére vitézségemmel."

58.
Igy szól vala tatár. Az tanács elbomlék,
Holott szólni ellene nem igyekezék
Senki is, azért mindnyájan felkelének,
És sátorok alá gyorsan elmenének.

59.
Demirhám, mint vadkan, emléti szégyenét,
Fuj lángot szájábul, nem találja helyét,
Nagy cselekedettel kivánja törlését,
Viddal ismeg kivánja öszvemenését.

60.
S igy szól vala magában: „Hon van jó hirem,
Kit sok veszedelemmel régen szörzöttem?
Jobb lett volna nékem Vid miát elvesznem,
Hogysem császár hiti-szegésével élnem.

61.
De látta az világ, nem volt az én vétkem,
Mind lovam akarta, mind magam s fegyverem.
De másképpen rendelte az én Istenem;
Talán még előjün egyszer én szerencsém.

62.
Vagy hogy fog szállani holló én mellyemre,
Vagy penig tisztesség én vitéz fejemre,
Nem hagyom Deli Vidot én szégyenemre,
Esküszöm fényes kardra és életemre."

63.
Igy megyen császárhoz, és igy szól őnéki:
„Hatalmas császár, miért van tiszteleti
Az vitéz embernek? Mert kockára veti
Uráért életét, és sohun nem röjti.

64.
Az mit hittel fogad, megállja magában,
Vitéz ha vagyon is csak egy vad barlangban,
Vagy erdőn, vagy mezőn, vagy szép palotában,
Hitit nem kell sohun elhagyni romlásban.

65.
Nincsen hát énnékem semmi böcsületem,
Mert Viddal harcomat véghez nem vihettem.
Én uram s császárom, miért ezt szenvedtem?
Hiszen, jobb lett volna Vidtul őlettetnem.

66.
Miért kezed nyomát s hitedet tréfálta,
Az ki gyalázattal minket elválaszta?
Bizony Amirassen más világon látja,
Hitetlen embernek micsodás jutalma.

67.
Bár én halálommal hozhatnám helyére,
Mely nagy csorba szakadt mi tisztességünkre!
De mivel orvosságot elmult üdőre
Nem lehet csinálni, bánkodjunk helyére.

68.
Hanem én csak arra Mahometért kérlek,
Eressz, Deli Viddal karddal szembe menjek,
Mert vannak miköztünk halálos törvények,
Mellyet halál itél; egyszer köztünk váljék.

69.
Igy szólla Demirhám, de császár mást gondol,
Megvénhedt mellyébül mert sok nagy gond omol;
Végre Demirhámnak okos válaszul szól:
„Mit kivánod, Demirhám, az kit nyelved szól?

70.
Gondold meg igazán és nem fölfujt szüvel,
Ez-é magános bajvivásra való hely?
Törökország szüne ihon jütt velünk el,
Egy bajvivást nézzünk, azután menjünk el?

71.
Vitéz vagy, jól tudjuk, de vitézségedet
Kicsin helyre akarod mutatni s erődet;
Kevés haszon, kis tisztesség ebből jühet,
De viszontag nagy veszély előkerülhet.

72.
Tudod-é, hun vagyon vitéznek próbája?
Ahon Szigetvárnak megnyitott bástyája,
Hiszem, Vidot Demirhán ottan találja,
Miért kerestetik hát helynek mustrája?"

73.
Ég Demirhám, s nem szól, táborbul kimégyen,
Gondolja, Szulimán benne kételkedjen;
Azért ő szüvében végezett, mit tégyen:
Egyedül ostromnak, megeskütt, hogy megyen.

74.
Császár látja, heában hirdet tanácsot,
Mert Delimán miát kétszer már elbomlott,
Azért ő magához hivatott csak hatot,
Mindeniket okost, hüvet és hallgatót.

75.
Az eggyik azt monda Szulimán császárnak:
Még egyszer mindnyájan induljunk ostromnak,
Tüzzel, vassal ártsunk az Szigetvárának,
S ha akkor nem ártunk, hagyjunk békét annak.

76.
Az másik: Nem szükség, mindnyájan itt legyünk,
Tizezer gyalogot vár körül rendeljünk,
És tizezer lovast jól elhelyheztessünk,
Minden segétséget hogy kirekesztessük.

77.
Harmadik azt monda: Ali Kurt labdákkal
Várat égetheti, tüzes szerszámokkal,
Az árkot ki kell bocsátani folyással,
Az mi ki nem folyhat, tölteni gyapjuval.

78.
Negyedik igazán megmondá tetszését,
Mert kivánja vala haza menetelét:
Heában az tábor itt üdőt veszteget,
Majd az ősz reánk hoz vizeket, essőket.

79.
Ötödik igy szólla: Hagyjunk Pécs várában
Két ezer gyalogot, ezeret ló hátán,
Mellyek szigetieket tartják zablában
Úgy, hogy ne mehessenek soha csatában.

80.
Hatodik tanácslá haza menéseket,
Mindenik okokat hoz erre eleget,
Csak nem hajol császár, hallván ily beszédet.
Azonban ihon hozzák Ali Kurt testét.

81.
Ennek Csontos ágyuja fejét elszaggatá,
Jancsárság az testét csak alig kaphatá.
Mikor szigeti had zenebonát látá,
Kimegyen kétszáz szablya mind válogatva;

82.
Háromszáz töröknek végezték életét,
Elvagdalák ágyuknak minden kerekét,
Gyujtólikakban is vertek vas ékeket,
Guszics és Golemi vitték végben eztet.

83.
De haragszik császár, de busul magában,
Ali Kurt hűsége forog gondoltában;
Hajradin kapitán-basa ajándékban
Ezt adá császárnak, igen commendálván.

84.

Immár nincsen néki jobb ágyumestere,
Az mely viselhetne gondot az tüzekre;
Azért hamar haragrul esik kétségre,
Sziget hogy megmarad, véli, szégyenére.

85.

Visszamenéséről immár gondolkodik,
Mint legyen békével, csak azon aggodik.
Jól tudja, hogy hátul oroszlán hagyatik,
Mely miát békével eggyet nem léphetik.

86.

Azonban egy galamb Szigetbül röppenék,
Kanizsai fészekben eztet nevelték,
Ugyan szárnyaival oda igyekezék,
Azonban ily véletlen dolog történék:

87.

Egy ráró magasbul megszemlélé prédát,
Utánna inditja két sebes sugárát,
Az haszontalannak véli csavargását;
Hát császár sátorában elröjti magát.

88.

Gyorsan sok bosztánczi megfogják galambot,
És kezekben vévék egy kis papirosot,
Ezt galamb Szigetbül szárnya alatt hozott,
Az császárhoz bevivék ezt az ujságot.

89.

Gyorsan magyar tolmácsot behivatának,
Az keresztény levelet kezében adák.
Az fölin levélnek ily bötük valának:
„Adassék ez levél az magyar királynak."

90.

„Ha kérded, mint vagyunk, mint közel halálhoz,
Kiknek reménséget már segitség nem hoz,
Ötszázan maradtunk, de mind koporsóhoz
Sebek miát közelb vagyunk, sem világhoz.

91.
De az pogány eb is nem kérkedik velünk,
Hatodát táborának kard alá tettük;
Vezéreket, basákat, sokat megöltünk,
Már csak fejetlen láb az mi ellenségünk.

92.
Két nap alatt eljün az mi végső óránk,
Mert fogát sárkányok köszörülték reánk.
Akkor is mit tehet mi keresztény próbánk,
Örömest megmutatjuk ennek világnak.

93.
Tüzzel emésztenek leginkább bennünket,
Mely miát nem találjuk sohul helyünket;
Gondoljuk végezni ott kinn életünket,
Károljuk tüz miát vesztenünk éltünket.

94.
Mi segétségünkrül ne gondolj semmit is,
Mert az lehetetlen, látjuk mi magunk is,
De pogány törökben tehetsz kárt nagyot is,
Ha utánna mégyen hadad és magad is.

95.
Mert félnek, mert nincsen sem generálisok,
Elveszett, ki mit tudott, itt kapitányjok;
Császár és Kajmekán, csak azok hadtudók,
Delimán, Demirhám vakmerő bolondok.

96.
Huszonötezer török eb fekszik itten,
Mellyek tiz ostrommal jüttek ránk féltekben.
Többet mi nem irunk, hanem egésségben,
Isten tartsa Felséged jó szerencsében."

97.
Mikor az Szulimán ez dolgot meghallá,
Hogy Sziget reménségének van utolja,
Szüvet vett magában, és hogy az heába
Galamb röpülése ne lenne, bocsátá.

98.
Áruló madár, hol vagyon te hűséged?
Fogsz-é röpülhetni, vallyon nem szégyenled?
Elárultad uradat, titkos levelét
Pogány ellenségnek kezében ejtetted.

99.
De nem örüle sokat szabadságában
Mert ráró mind ott kinn leste az magasban.
Utánna röpüle, s elkapá az szárnyán,
Kegyetlen körmével örül szaggatásban.

100.
Császár mindenfelé parancsol ostromot,
Hogy mindenik vigyen ki tüzet, ki vasot,
Ki szurokkal öntött kénküves gránátot,
Tizezeret kioszta tüzes gránátot.

## Pars decima quarta
### *(Tizennegyedik ének)*

1.
Ihon jün Zrininek ragyagó csillaga,
Ihon mozdulhatatlan tramontanája,
Bán cselekedetét az én kezem irja,
Mellyet Isten lölke elmémben befuja.

2.
Nem távozik annak veszélyre hajója,
Melynek ez csillaghoz tart okos kormánya;
Hüvség, vitézség ennek calamitája,
Az mely ez csillagot veszteni nem hagyja.

3.
Már én magnesküvem portushoz hoz engem,
Szerencséssen jüttem által ez tengeren,
Immár barátimat az parton esmerem,
Mellyek nagy örömmel jüttek énelőmben.

4.
Esmerem távulrul vitéz Marsnak fiát,
Esmerem, esmerem, mint jártatja lovát;
Ez én vitéz öcsém mind magyar, mind horvát,
Igazán szereti mert, látjuk, hazáját.

5.
Napfényre néző szem mutatja sas fiát,
Körmérül esmerni az vitéz oroszlánt,
Vitézség próbálja igaz Zrini fiát,
Melly soha eggyiktül is el nem szakadhat.

6.
Hiszem Zrini Péter, kit az én szemem lát,
Mely rettenti Bosznát és Herczegovinát,
Láttuk immáron is ő vitéz próbáját,
Esszel, kézzel, szüvel kit törökön csinált.

7.
De jaj, nagy szelendek orozkodik után!

Mely dühös irigység párállik ki torkán!
Ugyan irigység ez, noha nincs hatalmán,
Hogy ártson őnéki vitézséges voltán.

8.

Ne félj semmit, öcsém, mert látja az nagy ég,
Vitézségnek árnyékja hogy az irigység;
Ez mi eleinktül maradott örökség,
Kiben nem szakadhat világ fogytáig vég.

9.

Higgyed, mérges foggal reánk agyarkodnak,
De nem csak törökök, mert mások is vadnak,
Az kik, mint az rozsda erős vasat, marják,
Haggyán, mert fogokat ük abban elrontják.

10.

Látom de másfelől, országunk oszlopja,
Vitéz Veseléni jó lovát jártatja,
Nagy gond van fejében, mert gond is nagy rajta,
Mert csaknem esőben országunkat látja.

11.

Látom Bottyánit is, vállával országot
Támasztja, s romlásra nem engedi aztot,
És noha ő nem vár senkitül jutalmot,
Maga virtusábul vesz elegendő jót.

12.

Száz másokat látok, örömest az kiket
Köszönteném, hajtok de most nékik fejet,
Mert messzi elmentem historiám mellett,
Esmég elől kell kezdenem szövésemet.

13.

Egy üdővel megtölt török vala hadban:
Ennek eredeti volt bő Aegyptusban,
Elméjében ennek iszonyu tudomán,
Az neve peniglen hatalmas Alderán.

14.
Alderán, az mely birt iszonyu lelkekkel,
Minden elementummal és nagy fölyhőkkel,
Égi planetákkal, föld-rözzenésekkel,
Nagy villámásokkal, meny-ütő küvekkel.

15.
Ez császárhoz belépék, igy kezde szólni:
„Hozzád jüvésemet te fogod csudálni,
De érts meg az okát, mert fogok használni,
Mert ellenségidre fogok kárt szállatni.

16.
Rettentő lölköket láncozva én tartom,
Némelyt csak kárára másnak kibocsátom;
Az egész poklokon vagyon én birtokom,
Ezekkel az kaurt, ha akarom, rontom.

17.
Azért semmit ne félj, és ne készits erőt,
Csak te nyugodalmassan várj egy kis üdőt,
Szigetre ráhozom rettenetes fölyhőt,
Kénküves tüzeket s az egész ördögöt.

18.
Meglátod, mit használ Istenek, Jézusok,
Ha én tudományommal reájok omlok;
De imé még én tenéked többet mondok,
Fölhozom nagy Alit, mely az ő rontójok."

19.
Elhiteti császárt Alderán ily szókkal,
Mert szavát bizonyitja szörnyü átkokkal,
Elbocsátja azért tündért szabadsággal,
Ő viteti magát fekete lovával.

20.
Alderán elröpül az fekete lovon,
Helyt keres magának erdő közt egy sikon.
Tizenkét keresztény ifiat ő titkon
Táborbul kihozat, mellyek voltak láncon.

21.
Ezeknek gégéjét nagy késsel megmetszi,
Ártatlan véreket medencében teszi,
Több társait osztán magátul elküldi,
Az nagy teatrumon csak magát szemléli.

22.
Vala oly üdőben, az mikor Delia
Pan istent szerelmére meggyujtja vala;
Mikor nedvességével első álomba
Világi emberek elegyedtek vala.

23.
Alderán egy réz vesszőt kezében vészen,
Iszonyu circulust maga körül tészen;
Duplázza nem messzi osztán az fövényen,
Legbelsőnek maga áll az közepében.

24.
Csuda charakterek tüle formáltatnak,
Keresztény vérébül minden circulusnak;
De még ugyis békét nem ád az holtoknak,
Mert minden kerékre négyen huzattatnak.

25.
Négy világszegletre elröndöli üket,
És mindenik mellé tesz rút billyegeket,
Igy engeszteli pokolbéli lelkeket,
És igy kezdi el rettenetes verseket:

26.
„Halljátok, siralmas pokolbéli lelkek,
Kik égben társokat el nem szenvedtétek!
Halljátok, rettentó Acheron-istenek,
Pluton és Sterapon, és fő fejedelmek!

27.
Belbuzel és Hárpád és Flegeton ura,
Styx, Lete folyásnak iszonyu gondossa,
Egész Cocitusnak kegyelmetlen hada,
Az kik elestetek égbül az föld alá!

28.

Halljátok, és jertek az földbül ki gyorsan,
Eggyik se maradjon az pokol gyomrában;
Most kit ti kedveltek, az az óra itt van,
Az kiben kaurnak kell menni romlásban.

29.

Harcot és viadalt rájok parancsolok,
Nagy kegyetlenséget titületek hivok;
Jüjjenek hát elő Styx lobogós lángok,
Furiák, Hárpiák, száz Briareusok."

30.

De semmi ily szókra még mozdulás nem lett,
Phlegeton semmi jelt, hogy ki-készül, nem tett,
Azért nagy Alderán haragudni kezdett,
Kegyetlenül üti lábával az földet.

31.

Üti kegyetlenül az földet lábával,
Iszonyuan rikolt haragos szájával:
„Hát mégsem halljátok, o, nyomorusággal
Rakva, kinzott lelkek, és nagy busulással?

32.

Nyomorultak, azt tudjátok-é, nyelvemet
Nem tudom megnyitnya, és nevezni nevét
Annak, az ki égben hagyta istenségét,
S az földön fölvette embernek személyét?

33.

Vagy elfelejtettem-é hetvenhét nevét
Annak, az ki égbül tikteket levetett,
Vagy annak kinait és ártatlan vérét,
Mellyet ingerléstekbül ártatlan ejtett?

34.

És rámént az ti nagy tüzes váratokra,
És szent lelkeket az ti boszuságtokra
Kihozta és atyjának jobbik karjára
Ültette, örökkévaló csufságtokra?"

35.
Alig mondhatá ki Alderán ezeket,
Ihon sötét fölyhők fogák az egeket,
Háromszor megrázá Luciper az földet,
És besötétiteté csillagok fényét.

36.
Ihon az föld szinét feketén befogták,
Az eget is szörnyüen beburitották
Tigrisek, sárkányok, kegyetlen hiennák,
Rettenetes óriások és chimerák.

37.
Ott vagyon Tantalus eggyütt asztalával,
Fene Atreus, Licaon gyalázattal,
Medusa feje is mérges tajtékokkal,
Szörnyü Eumenides lobogó fáklyákkal.

38.
Ottan Diomedes fene lovaival,
Kegyetlen Terodaman oroszlányokkal,
Iszonyu Busires véres oltárokkal,
Procusták, Lestrigonok iszonyusággal.

39.
Ottan meghallhatni Scillák ugatását,
Kegyetlen Gerion szörnyű jajgatását,
Fene Mezentius és Falaris kinját,
Ezer Briareust, Cerastát és Hydrát.

40.
De mindezek között kevélységgel sétál
Az világröttentő szörnyüséges halál.
Mindent irtózással meggyőz és nagysággal,
Mind két keze terhes iszonyu kaszával.

41.
Igy jünnek az lölkök és más ezer formán,
De kinek vagyon ezt leirnya hatalmán?
Elöl jün Pluto is tüzes lova hátán,
Elöl Astragora kénküves taligán.

42.
Ezek előtt Alderán igy nyitá meg nyelvét:
„Halljátok, halljátok Alderán beszédét!
Ki vette ördögnek el az ő fegyverét?
Vagy ő hatalmában kicsoda csorbát tett?

43.
Egyszer, azt megvallom, égbül leestetek,
És csillagos eget örökkén vesztétek,
De senki nem vette el ti fegyveretek,
Nem tett erőtlenséget senki bennetek.

44.
Mégis ti szégyennel csak elszenvedtétek,
Mikor az föltámadt ember közzületek
Kivive lölköket, és mind közzületek
Nem volt, ki ellent állott volna keresztnek.

45.
Minden nyavalyátok onnan jütt azután,
Hir kitrombitálta, szemetek körösztfán
Nem mér megállani, és az föld gyomrában
Elbujtok előtte, ha előttetek van.

46.
La, ha ember bosszut eggyet elszenvedett,
Régen ellenségnek többre okot ejtett,
Miért rettegtetni kell azt vitéz szüvet,
Az mely az égben is oly nagy próbákat tett?

47.
Ihon ujabb boszuság jün fejetekre,
Az ég azt végezte ti szégyenetekre,
Hogy minden ellenség fusson kereszt jelre,
És minden tisztesség szálljon körösztyénre.

48.
Igy van, mert egynihány nyomorult körösztyén
Világ három része ellen bujt Szigetben,
Nincsen bizodalmok őnekik semmiben,
Csak abban, ki függött, s az ő körösztiben.

49.
Ötszázszor ezeren megszállottuk üket,
Harmada ott hagyá kedves életünket,
Két fa, körösztül dült, meggyőz mibennünket,
Minket törököket, ti hiveiteket.

50.
Föl fakat fegyverrel, föl és vitézséggel,
Jertek rá Szigetre kénkűvel és tüzzel.
Porrá kell égetni mind emberrel, küvel,
Rontani kell eggyütt emlekezetével."

51.
Itt hallgata Alderán, de az pokol-lölkök
Sürün Sziget felé mind elröpülének,
De kiált Alderán, parancsol az földnek,
Nagy Alit kihozza vesztére Szigetnek.

52.
Hallgat az föld, de amaz veri lábával,
És igy nyitá meg nyelvét nagy rikoltással:
„Elpártolni tülem akarsz-é károddal,
Kedvemet megszegni megáltalkodással?

53.
Én Alderán, hagyom, az ki sötétitök,
S fölyhőben öltöznek, ha akarom, egek;
Ha akarom, viszont az fölyhők leesnek,
És tisztán maradnak az levegő egek.

54.
Ha akarom, szómmal tengert háboritok,
És mikor akarom, habot leszállitok,
Én minden szeleknek bizvást parancsolok,
Tülem hallgatnak minden elementumok.

55.
Tégedet is égbül alá szállithatlak,
Aranyas hold, ha segétségemre hilak;
És koporsóban is hagyott árnyékoknak
Miért ily erővel ne parancsolhassak?

56.
Jüj ki, Hazret Ali, jüj ki föld gyomrábul!
Hozd ki nagy zöldfikárt te mély koporsódbul;
Ismét kell itatni lovadat vértóbul,
Már elfeletkeztek kaurok voltodrul."

57.
Nagyon ordít, az föld ily parancsolatban
Egyszersmind kétfelé megszakad magában,
Előhoz egy lovast fejérszin atlacban,
Feje takarva van tiszta patyolatban.

58.
Szög ló van alatta, de szomorusággal
Jártatja az lovat az szép holdvilágnál,
Egyszer nehéz szemmel föltekint haraggal,
Alderánt meglátja nagy circulusoknál:

59.
„Kicsoda engemet kinombul fölzörget,
És nagyobb kinra hij átkozott fejemet?"
Igy szól Ali: „Kicsoda fekvő helyemet
Kereste meg, s nyugvásbul fölráz engemet?

60.
Ah! nagyobb kint tudnak emberek találni,
Hogysem kinzó ördögök meg is gondolni;
Nagyobb kin énnékem világot most látni,
Hogysem azok, kiket szoktam elszenvedni.

61.
Mit akarsz énvelem, kegyetlen Alderán,
Hogy általam örűlj Szigetvár-romlásban?
De te, eszes lévén, csalatkozol abban;
Hiszem vég szakadott az én hatalmamban.

62.
Szigetben nem laknak ollyan körösztyének,
Kiknek árthassanak Alkorán-levelek,
Sem az pokolbéli és koporsós lelkek,
Nagyobb Mahometnél Istene ezeknek.

63.
Mert ő fog énvelem égni örök tüzben,
Miért gyönyörködtünk az keresztyén vérben?
Nem örül az Isten büntetés-vesszőben;
Mi voltunk, ám küldött minket örök tüzben.

64.
De ezek már más üdők és más emberek,
Látom, az Istennél igen kedvesebbek,
Hogysem előbb kik voltak egyenetlenek;
És űk is elesnek; de jaj véreteknek!

65.
Hárman kegyetlenül éltét Szulimánnak
Megfonták, kis üdőt várnak kemény Párkák;
Ezentül meglátod, miként elszaggatják;
És semmi haszonra jüttek ki Furiák.

66.
Ám én is ott lészek, s nézem mesterséged,
Ördögökkel eggyütt mit használnak néked,
De zöldfikáromat kivonjam, ne véljed,
Mert Isten kedvébül az mind csak porrá lett."

67.
Igy szól Hazret Ali, s rettenetes lován
Röpül keservessen az több lölkök után.
Akkor eszbe vevé ő magát Alderán,
Hogy keresztyénekkel az igaz Isten van.

68.
Röpül és érkezik iszonyu seregben,
Hon Phlegeton kevert mindent sötétségben,
Hon az Tisifone fuj iszonyu kürtben,
Belzebub sereget rendelt sötét égben.

69.
Futkosnak Furiák iszonyu fáklyákkal,
Azt tudnád, világot meggyujtják azokkal,
Kegyetlen Harpiák iszonyu szájokkal
Véres mérget okádnak nagy undoksággal.

70.
Haragos Astragora szeleknek kapuját
Megnyitá, beütvén villámos dárdáját,
És leoldá láncrul az kevély nyakokat,
Ők szárnyokkal keresik nagy Szigetvárát.

71.
Akkor Eurust bajra hivá északi szél,
Amaz penig fegyverétül semmit nem fél,
Boreas haraggal sugár szárnyára kél;
Ez mindenik Szigetnek kegyetlen veszély.

72.
Meghajtá Szivárvány aranyos kéziját,
Erőssen villámik, mintha lünne nyilat;
Kevély Orion is forgatja nagy kardját,
Mindenik „Szigetre!" és „Szigetre!" kiált.

73.
Futnak az bástyákra keresztény vitézek,
De nem állhatják meg erejét az tüznek;
Járnak az lángjai Vulcanus istennek,
Senkit az bástyákhoz közel nem eresztnek.

74.
Mert az törökök is sok tüzes labdákkal
Egyaránt futkosnak szörnyü Furiákkal,
Az külső várat már megvették ostrommal,
Bán belső várban szorult ötszáz magával.

75.
De ottan sem lehet maradás sokáig,
Mert tüz fejek fölött már sürün villámik;
Sok ezer lélektül Zrini késértetik,
Ő penig, mint egy kü, semmit nem rettenik.

76.
Igy mond vitézinek: „Ne féljetek semmit,
Mert evel Isten érdemünket öregbit,
Ha száz ennyi ördög dühös szájt reánk nyit,
De nem árt lelkünknek, mert az Isten segit.

77.
Pokolbéli lölkök vannak ellenséggel,
Az mi reménségünk van penig Istennél;
Őérte meghalunk mi jó kedves szüvel,
Legyen ugy, az mint ő szánta magában el."

78.
Igy szól, és igy csinál szüvet ő magának,
És az ő rettenetes vitéz hadának,
Parancsolja osztán három fő vajdának,
Hogy az vár piacán űk harcolt álljanak.

79.
Ezek bátorsággal törökre omlának,
Külső vár piacán az törököt vágják,
Heában szemekben kénküessőt fujnak
Késértő ördögök, mert vitézül járnak.

80.
Ott fegyver fegyverrel öszvetalálkozik,
Vitéz is vitézzel öszveelegyedik;
Sötétségben köztük csak jajgatás hallik,
Rettenetes halál köztök gyönyörködik.

81.
Ki fuja az lölkét sok sebein által,
Ki magábul ereszti nagy átkozódással;
Nem hull az keresztény, de török falkával,
Mert egyszersmind veszni fog vitéz virágszál.

82.
Láttatik, hogy az tüz száll keresztyénekre,
Penig inkább ráhull pogány törökökre;
Szerecsent és tatárt, törököt veszélyre
Mind egyaránt elhajt Istennek tetszése.

83.
Futkos kegyetlenül megdühödt Delimán,
Cáspiai hegyben mint sivo oroszlány.
O, mennyi tüzeket ő Szigetben behány!
Mennyi csapást fölvesz ő maga paizsán!

84.
Egy nagy cárbunculus az sisakján vala,
Ezen sötétben is megesmerik vala,
De jobban az kűnél fénlik ő szablyája,
Jobban szablyájánál az ő bátorsága.

85.
Ő, mint egy éh farkas az barom-ól körül
Mellyével próbálja, ha kert előtte dül:
Igy jár Delimán is az Szigetvár körül,
Próbálja, előtte ha kűfala ledül.

86.
Demirhám másfelől hasomlit Furiát,
Mert rettenetesül forgatja nagy vasát.
„Deli Vid! Deli Vid!" minduntalan kiált,
„Hon vagy és miért röjtetted el magadat?

87.
De bujj el fal közé, vagy földnek alatta,
Bujj el, az hon lakik indus s garamanta,
Megkeres Demirhám, s lölköd kibocsátja
Ez az rettenetes kezembéli dárda."

88.
Nem türheti tovább Deli Vid ily szókat,
Az harcot elhagyá, s hon török eb ugat,
Oda rugaszkodik, és néki igy kiált:
„Hitetlen, hon láttad az én bujásomat?

89.
De te hitetlen vagy és meg nem érdemled,
Hogy Deli Vid kardot is vonjon ellened,
Mert hitedet, szódat és emberséged
Mind öszvekevervén, egyszersmind megszegted!"

90.
Megesméré Vidot szavárul szerecsen,
Eggyet fohászkodék nagyot keservessen,
És igy szólla Vidnak törökül eszessen:
„Kérlek, hogy hallgass meg Vid, figyelmetessen.

91.
Mindketten csalatkoztunk az mi elménkben,
Sem te el nem bújtál, sem én jó hitemben
Csorbát, sem gyalázatot soha nem tettem,
Bujásodat harag mondatja énvelem.

92.
Ha az egész tábor megszegte az hütit,
Esztelenek gondolván az én vesztemet,
Én vagyok-é vétkes? Láttál jól engemet,
Láttad-e, hogy kértem kitül segitséget?

93.
De ez meglett immár; most üdőnk van hozzá,
Jer ki az mezőre, ne nyujtsuk hosszabbra.
Megválik, Deli Vid s Demirhám kicsoda,
Éljen, kinek Isten engedi s jó kardja."

94.
Nem menne örömest Deli Vid ki várbul,
Mert nincs engedelme annyira urátul,
De török nem akarja hagyni magátul,
Azért bátorsággal Demirhámmal indul.

95.
O, mely keservessen hagyja el jó urát
Deli Vid, érötte mert sok könyvet hullat,
De mikor meglátja Demirhám sirását,
Igy mond: „Oly igen félsz-é szenvedni halált?"

96.
Mégis sir Deli Vid, s igy felel sirtában:
„Esztelen, mit gondolsz? Félelem voltában
Hogy sirjon Deli Vid, csalatkozol abban,
Éltemet, halálomat tartom egyformán.

97.
Egyik is gyalázatot nem hozhat nékem,
Sőt én halálommal öregbül jó hirem.
De sirok, jó Zrini mikor jut eszemben,
Veszni kell néki Szigettel egyetemben;

98.
Látom, hogy ma elvész az az szép virágszál,
Mely keresztyénséget oly igen vigasztal,
Látom, hogy ez az ég előtte nyitva áll,
És várják angyalok ütet vigasággal.

99.
És kis boszuállás ez helyett te fejed,
Én szomjuságomnak kevés az te véred;
Egész muszurmán hit ennek egy csöp vérét
Soha elegendőül meg nem fizethet."

100.
Mosolyog Demirhám, de belől mást forgat,
Mert elől megérzi utolsó óráját;
Szüve jüvendöl csuda gondolatokat,
Mégis bátran néki keményéti magát.

101.
Mikor Szigetvártul jó tova valának,
Egy szép kerék rétet völgybe találának;
Azt tudnád, akartva ezt harczhoz csinálták;
Itten halálos bajt csak ketten vivának.

102.
Rettenetességgel Demirhám haragját
Éleszti magában, kirántja szablyáját,
De Vid előbb égben az Istenhez kiált:
„Uram, Tekints meg most égbül te szolgádat!

103.
Te zsidó gyermeket Terebinus völgyben
Góliát ellen tetted győzödelemben;
Téged dicsértenek égő kemencében
Sidrák, Misák, Abdenago nagy örömben.

104.
Uram, most ugy légyen, az mint te akarod."
Ily szók után kirántá az éles kardot.
Nem messzi magátul nézi Demirhámot,
Nehéz fegyver alatt hogy fuj tüzet, lángot.

105.
Öszvecsapának osztán oly kegyetlenűl,
Mint tengeren gállya ha kettő öszvedül;
Az ki vizen marad, annak szüve örül,
Az ki esőben van, annak kétségben hül.

106.
Igy most az két vitéz jól vigyáz magára,
Forgatja szablyáját társának kárára;
Mindenike penig készebb az halálra,
Hogysem egy kis félelem mutatására.

107.
De pogány két kézzel emeli fel kardját,
Lebocsátva találja Deli Vid sisakját,
Onnan csuszamodván megsérti oldalát,
Ugyhogy onnan folyni vöres patakot lát.

108.
Deli Vid nem retten, ugrik Demirhámhoz,
És nagy erősséggel csap az orcájához,
Nem megyen heában vitéz kard pogányhoz,
Orra közepétül lemene szájához.

109.
Akkor vért és mérget okádik szüvébűl,
Nem tarthatja magát haragos mérgébül,
Nem vigyáz, hogy ellent vessen mesterségbül,
Ujitton ujitja csapást kegyetlenül.

110.
Deli Vid peniglen megkapja az nyakát,
Másikkal megnyitá sok helyen oldalát;
Verődik kezében, és ordit, nem kiált,
Mert sebektül, haragtul ő nem is szólhat.

111.
Demirhám, mint fáklya, hogy látja utolját,
Duplázni akarja vitézséges voltát:
Vid kezébül gyorsan kitekeri magát,
S nagy csapással vágá Deli Vidnak nyakát.

112.
Sisakjával osztán megvágja homlokát;
Tovább nem tarthatja lábon immár magát,
Ledül és dülve is megvágja az lábát,
Végezni akarja vitézül óráját.

113.
Vid penig eséshez jobban kénszeréti,
Mert mellyét fényes karddal ketté feszéti,
Arra siralmas lelkét föld alá veté,
Nagy árnyékkal életét besötétiti.

114.
Maga is Deli Vid tovább nem mehetett,
Csak alig magában tartja az életét;
Közel Demirhámhoz ő is ott elesett,
Látja ég az lölkét, fövény szíja vérét.

*Légy bizonsága, ég, Deli Vid végének,*
*Mert sok szemmel nézted utolját éltének:*
*Egy csöppig kiadta vérét Istenének,*
*Légy tudománytévő Deli Vid végének!*

## Pars decima quinta
### *(Tizenötödik ének)*

1.
Bán végső óráját közelgetni látja,
Az egész seregét csoportba hivatja,
Azokat is, az kik mentek volt az harcra,
Kik közül Deli Vid ott maradt csak maga.

2.
És igy szól őnékik: „Vitézek, látjátok,
Most mi állapatban velem eggyütt vagytok:
Nem csak kárt hoznak ránk törökök, tatárok,
De tüz, de vas, de minden elementumok.

3.
Mindenképpen próbál az Isten bennünket,
Valamint az ötvös tüzben arany müvet,
És mivelhogy látja az mi hüségünket,
Égben szép koronát nékünk készittetett.

4.
Nem haragszik már ránk, mert itt büntetését
Megvette büneinkért, s igaz törvényét
Betellyesitette: most hüség érdemét
Az nagy menyben késziti, s oda visz minket.

5.
Ne irtózzunk azért mi halálra menni,
Mely örök örömre grádicsot fog adni.
Ma, vitézek, éltünket el kell veszteni,
És ma minden próbánkat lepecsétölni.

6.
Mi vitézül éltünk, vitézül meghaljunk,
Egész ez világnak evel példát hagyjunk.
Ma mi tisztességet nevünkre szállitunk,
Mai nap szépéti minden elmult dolgunk.

7.
Nem hurcol bennünket pogány eb porázon,

Nem visz minket császár kötve triumfuson;
Végső óránkon is az török romoljon,
Lássa, keresztyénnel hogy az Isten vagyon.

8.

Mivel az tüz miát itt nem maradhatunk,
Mihent Isten engedi az hajnalt látnunk,
Kimenjünk az várbul, és ott megmutaoouIu
Kik voltunk éltünkben, most is azok vagyunk."

9.

Igy monda nagy Zrini, s az egész vitézek
Örömmel mondásához valának készek;
Száll Márs mindenikben, s az ő vitéz szemek
Bátorságban villámnak, mint gyémántküvek.

10.

Hangas zöndülés lén az vitézek között,
Mint mikor kemény szél megfuja az erdőt;
Mindenik csak alig várja azt az üdőt,
Az mikor Istenhez bocsáthassa lelkét.

11.

Paizst, páncérokat, szablya-hüvelyeket,
Magoktul elhányák minden nehézséget,
Mert jobban kivánják ezeknél sebeket,
Mellyek által égben eresztik lölköket.

12.

Zrini penig megyen az gazdag tárházban,
Minden drágaságot ő rak egy rakásban,
Visz tüzet alája osztán egy fáklyában,
Mind füstbe bocsátja, az mennyi kincse van.

13.

Egy dolmánt, egy mentét csak választ magának,
Az mely legszebb vala mind közte azoknak;
Ebbe szokta mutatni magát az udvarnak,
Ebbe menyegzőknek és triumfusoknak.

14.
Két arany perecet választa azután,
Evel jelt csinála vitéz uri karján;
Egy kócsagtollat is szegeze sisakján,
Száz aranyat kétfelé tett dolmányában.

15.
O, mely csuda dolog, hogy jutalmat szerez
Maga hohárának! Mely kemény vitéz ez!
Emlitése halálnak igen keserves,
Rettegett előtte Hector és Achilles.

16.
De halálakor is Szigetnek Hectora,
Hogy ő bátran nézhet szemmel az halálra,
És bár öltözzék rettenetes formára,
Megmutatja, s mint kell menni bátorságra.

17.
Meggyujtá az kincset, és mind megégeté;
Fegyverét azután szögrül leszedeté,
Szántalan sok közzül eggyet megszerete,
Oldalára eztet vitézül fölköté.

18.
Ül vala az Isten abban az székiben,
Az honnan világot nézi kegyelmesben,
Méltóság, Tisztesség nagy áll körületben,
Tronussa helyheztetve nagy örökségben.

19.
Szerencse s Természet alázatossággal
Állnak őalatta, készek szolgálattal,
Dücsőség előtte foly nagy patakokkal,
Végtelen Kegyelme tengerformára áll.

20.
Megszámlálhatatlan dücsőséges lölkök
Dücsőséget előtte szépen énekelnek;
Zsidó poétának untalan az versek
Királyi formára hárfájával mennek.

21.
Égi musikának gyönyörű szózatja,
Szép Echonak választját megváltoztatja.
„Szent, szent, szent mindenható Isten, Jehova!"
Egész mennyei sereg vigan kiáltja.

22.
Cherubin, Seraphin seregek vigadnak,
Az szent bárány előtt magokat alázzák,
És más seregek fejér ruhában járnak,
Báránnyal mindenütt ük is ottan vannak.

23.
Illyen méltóságbul nagyon parancsola,
Az az jó, az az igaz, az nagy Jehova,
Hogy minden musika egyszersmind hallgatna,
És hogy öszvegyülne mennyei udvara.

24.
Ugy lőn, mint akará, és öszvegyülének
Az egész mennyei gyönyörü seregek,
Alázatossággal hajolnak Istennek,
Ő penig igy kezde beszélni nékiek:

25.
„Halljátok, halljátok, ti forgandó egek,
Halljátok, hiveim, égbéli seregek,
Halld meg, föld és világ, és világi vizek,
Az én mondásomat, és ti, nagy tengerek!

26.
Bolond vakmerőség nyilván van nálatok,
Kivel rám óriást támadni láttatok:
Azt tudta az kevély, büntetést őrájok
Társaival eggyüt hogy én nem találok.

27.
Elesett, meglüvém mennyei küvemmel,
S elhagyatám véle eget örökséggel.
Elhatta az eget ő, de kevélységgel
Most is zörgölődik nagy vakmerőséggel.

28.
És nem elégszik meg sok ezer lölköket,
Szántalan bün közzül hogy ő harácsot vet;
Meri háborgatni az én hiveimet,
Kik tülem választva vannak, kedvesimet.

29.
Ahon szigetiek én értem harcolnak,
És az én hütömért már sok vért hullattak,
Pokolbéli lölkök rájok agyarkodnak,
És igaz hütökbül kiverni kivánják.

30.
S miképpen lehessen ezt nékik engedni?
Igaz Isten lévén, hogy tudjam szenvedni?
Nem, nem, de hogy egy had menjen fegyverközni,
Be kell földfenékre ismég üket üzni!

31.
Eredj te, Gábriel, mennyei sereggel,
Eredj Szigethez erős fegyverös kézzel,
Ott találod őket, de onnan te üzd el,
Ronts meg őket eggyüt nagy kevélységekkel.

32.
Nézd osztán, hon vannak szigeti vitézek,
Ha testi köntösbül levetközik lölkök,
Az ki kezetökön előmben jűjenek,
Itt rendelt helyekben örökkén legyenek."

33.
Igy monda, de nem nyelvvel és nem szózattal,
Hanem tündöklő isteni akarattal;
Értik az angyalok, mert nagy boldogsággal
Eggyeznek az Isten nagy akaratjával.

34.
Gábriel magával azért egy sereget
Elvive gyors szárnyon, s jelül egy keresztet.
Fénlik vala az ég, merre röpülését
Tartja az szép sereg, s az ő sietését.

35.
Alázatossággal Szivárvány kapuját
Megnyitá előttök és mond áldásokat,
Az szép tejes-ut is megcifrázza magát,
Látván az nagy Istennek sok szép angyalát.

36.
Az Göncös-szekere viszi sok fegyverét,
Mennyei seregnek könnyebbiti terhét,
Fegyverhordozó sas késziti menyküvét,
Kivel letaszitsák ördögös sereget.

37.
Fohászkodik Hercules, nem mehet vélek,
Nem lehet üressége az ő helyének.
Áll mozdulatlanul, istrázsát az égnek
Tart ő nagy botjával, ellenz ellenségnek.

38.
Halhatatlan sereg levegőn megálla,
Csak maga Gábriel Szigetben leszálla,
Zrini hogy halálhoz elkészült, találá,
És szintén Istennek esedezik vala.

39.
Eleiben tünék Gábriel szárnyával,
Méltóságos vala angyali ruhával;
Az ő teste vala befödve biborral,
Az keze fegyveres lángozó pallossal.

40.
Az másik kezében egy szép pálmaágot
Koszoruval eggyütt magassan föltartott.
A sötétes házban fényességet hozott;
Gábriel Zrininek akkoron igy szóllott:

41.
„O, seregek urának kedves szolgája,
Egész keresztyénségnek vitéz virágja!
Te voltál JÉZUSNAK megszentelt hadnagya:
Ihon az Istennek az ő koronája!

42.
Ezt küldi tenéked az hadverő Isten;
De mást készittetett, az ki lesz fejeden,
Fényes csillagokbul kötve lesz örökkén,
Fogod azt hordozni az magas egekben.

43.
Angyali légiót küldött Isten néked
Te segétségedre, kivel meggyőzheted
Ezt az nyavalyában zabált ellenséged,
Kik pokolbul jüttek kevélyen ellened.

44.
Azért vidámits meg emberi szüvedet,
Duplázd meg utolján nagy vitézségedet;
Ne lássa vén tolvaj elvágott fejedet,
Hanem az föld alá küldd előbb ü lelekét."

45.
Igy monda az angyal és megvidámitá,
Mennyei sereget égbül leszóllitá;
Nem messzi Lucipert seregestül látá,
Archangyal előtte igy száját megnyitá:

46.
„Mit csináltok itten, o, ti nyomorultok,
O, nagy kinokban is fölfuvalkodottok?
Világnak Istenét talán nem látjátok,
Mely nagy menyküvekkel fegyverkezett rátok?

47.
El vagyon végezve Isten titkaiban,
Hogy kik itt meghalnak mostan Szigetvárban,
Mivelünk menjenek Isten országában;
Mit vártok reájok hát itten heában?

48.
Menjetek, átkozottak, az föld gyomrában,
Ottan bünösöket zaklassátok kinban;
Fussatok el gyorsan sötét Acheronban,
Az a' ti helyetek örökös átokban."

49.
Igy szól, és reájok mennyei pallosát
Rettenetesül forditá nagy haragját,
Mert látá, késéssel készitik utjokat,
S nem örömest fogadják parancsolatját.

50.
Angyali legio szép fényes szárnyával
Fekete seregre üte bátorsággal;
De űk megesmerék előbbi próbával,
Hogy győzhetetlenek ezek hatalommal.

51.
Azért mint forgószél, keveregnek égben,
Keservessen üvöltnek sötét fölyhőkben.
Igy kákognak hollók, ha sas jün közikben,
És éjjeli varjuk igy járnak széltében.

52.
Csak te vagy, Alderán, az ő nyert prédájok,
Az te lelked leszen, nékik triumfusok,
Elragadák eztet, kibül jütt sok átok,
Testestül-lelkestül lén az ő prédájok.

53.
Igy hagyák örödögök világos világot,
És noha még szintén meg nem hajnalodott,
De szép harmatossan sötétbül hasadott
Szép hajnal, és mindent jóra bátoritott.

54.
Zrini jól esmérvén életének végét,
Ötszáz bátor vitézt számlál maga mellett;
Minthogy nem türheti immár égő tüzet,
Kiviszi magával azért mind ezeket.

55.
És az várbul kimegyen nagy bátor szüvel,
Előtte törökök futnak szerte széllel;
Az piacon megáll, és szörnyü szemével
Nézi, hogy hon vagyon pogány sok sereggel.

56.
Ily kegyetlenül jün oroszlány barlangbul,
És ily szörnyen fénlik cometa magasbul:
Ez nagy országokra kár nelkül nem fordul,
Szörnyü jüvendőket hordoz hatalombul.

57.
Igy félnek törökök Zrini látásátul,
Mert tudják, nagy veszélyekre rájok burul.
Zrini piacon is nem maradhat lángtul,
Azért lassan ballag az külső kapubul.

58.
Hon vagytok ti mostan, világrontó népek?
Hon vagytok, földemésztő szörnyü seregek?
Hon török, hon tatár, sötét szerecsenek?
Hon vagytok, három világrul kevert népek?

59.
Ihon előttetek Zrini áll fegyverben,
Hon van az török Márs vakmerő szüvében,
Delimán? Hon száz más ebben az seregben,
Kik Zrini vérét szomjuzták békeségben?

60.
Édes az vitézség az ember szájában,
De nagy s rettenetes halálos probában:
Ezt rettegve nézi vakmerő Delimán,
Mint nyárfalevél, ugy reszket szultán Szulimán.

61.
Messzi dombrul nézi ő kijüvetelét,
De még sem tarthatja rettegéstül szüvét,
O, hányszor megbánta, szállotta Sziget!
Hány átokban keverte megőszült fejét!

62.
De nem csinál pompát Zrini törököknek,
Nem mutatja vesztég sokáig ezeknek
Ő vitéz fegyverét, de mégyen ellenek;
Ötszáz halál megyen háta után ennek.

63.
Itt fegyver fegyverrel találkozik öszve,
Vitéz is vitézzel kapcsolódik közbe;
Vér, jajgatás és por megy égben keverve,
Törik dárda, kopja, szablya elegyedve.

64.
Halál formára jár bán törökök között,
Mint az lángos harap, ha nádban ütközött,
Mint az sebes vizár, ha hegybül érkezett:
Oly kegyetlenségben Zrini most öltözött.

65.
És ledűl előtte nagy óriás Csebár,
Hal Jakul átokkal, és Csirkin teftedár,
Esik zöld zászlóstul nagy Jakul barjaktár,
Esik Mahomet-vér szerecsen Zulfikár.

66.
Száz szablya, száz csida Zrini paizsára
Egyszersmind is esik, mint kűesső házra;
De ő ezt az fölyhőt, minden csudájára,
Tartja csak egyedül, törökök kárára.

67.
De Murtuzán basa, mint megsérült medve,
Szégyentül s boszutul mert hűl kemény szüve,
Jól jut most eszébe, Aigastul kötözve
És nagy Szulimánnak volt tüle vitetve.

68.
De eggyetlen fiát ő jobban siratja:
Zrini keze miát volt ennek halála.
Azért ő akartva illyen boszuságra
Éleséti szüvét iszonyu haragra.

69.
És mint tüzes lidérc száll le az fölyhőbül,
Kinek lángos farka szikrázik sok tüztül:
Igy Murtuzán basa kerestyénekre dül,
Halálra, haragra az ő szüve készül.

70.
Nem szól ő semmit is, rettenetességgel
Halva Bata Pétert maga előtt dönt el,
Három keresztyénnek veszi életét el,
Ismég többre készül, s nem elégszik evvel.

71.
Öszvetalálkozék ő Novák Ivánnal,
Öszvekeveredék szablyája szablyával,
De Novák elvágá kezét nagy csapással,
Azután fejét is vitéz bátorsággal.

72.
De nem áll meg itten Novákovics Iván,
Mert meghal miátta Perviz, Bicsir, Arszlán;
És nem kevesebbet teszen Orszics István,
Mert lelkét okádja előtte Balbazán.

73.
Itten kezd hullani török sok számtalan,
Itten sebesedni mindenféle pogány;
Ki nagy Allát, ki Mahometet kiáltván,
Vérekben feküsznek az földet kaparván.

74.
Itt zászló zászlóval nagy csoportokban hull,
Amott fekszik sok török halva lovastul,
Imitt félholtan vitéz vitézre burul;
Ki alatt ló fekszik, némely ló alatt ful.

75.
Félholton némellyik marja ellenségét,
Amaz mint vérszopó szomjuhozza vérét,
Ki sebeken által bocsátja ki lelkét,
Ki szorosságtul fult, ott hagyja életét.

76.
Rakásokban fekszik ló, fegyver és vitéz,
Holtan is keresztény az nagy egekre néz;
De az lölke után töröknek földben néz
Orcája, mert tudja, Isten nem kegyelmez.

77.
Gázol rettenetesül Zrini vértóban,
Vércataractákat indit meg pogányban;
Messzirül megesmeri ütet Delimán,
De retteg ő szüve, de félelemben van.

78.
Nem esmert azelőtt ő soha félelmet,
Akaratja nelkül de mostan rettegett,
Mert látta Zrininek hatalmas fegyverét,
Látta nagy próbáját és kegyetlenségét.

79.
De mindezek közt is szüve helyére áll,
Mikor gondolatjában tisztessége száll,
Sok okot magának vitézségre talál,
És igy ő magának kegyetlenül szólal:

80.
„Hát nem vagyok-é én most is az Delimán,
Ki veszélyt kezemen hoztam Szigetvárban?
Az ki vitézséggel hagytam magam után
Vértót, holttest-halmot Almás vize partján?

81.
O, szüvem, állj elő, o, én vitézségem!
Mit rettegsz kaurtul, megnőtt emberségem?
Ez nap s ez az óra az egész életem,
Megfényeséti vitéz cselekedetem.

82.
Majd Zrinire megyek nagy vitézségemmel,
Noha kevélykedik isteni erővel;
Nekünk is Mahomet segét nagy szentséggel,
Az mi testünk is van elegyitve vérrel."

83.
Igy monda s kezével megrázá nagy dárdát,
Neveli magában hatalmas haragját,
Amfiteatrumban igy láthattál bikát,
Az ki az fövényben köszörüli szarvát,

84.
Mely kapál csarnokon s fuja az fövenyet,
Látván maga előtt kevély ellenségét,
És előbb próbálja fában nagy erejét,
Hogysem ellenségre kivigye fegyverét:

85.
Igy tészen Delimán, és nagy sebességgel
Bánra rugaszkodik, teli sok méreggel.
Ráveti dárdáját hatalmas erővel,
Itéli, hogy nagy bánt lefekteti evel.

86.
De Isten angyala elvevé erejét,
Mert Zrini paizsán megtompitá hegyét,
Tatár hám dárdája az földre leesett,
Csudálja Delimán ezt az történetet.

87.
De kemény kezével ő szablyát kirántá,
Evvel pozdorjára bán paizsát rontá;
Sokáig dühössége de nem tarthata,
Mert Zrini kardjának ellent nem állhata.

88.
Kegyetlen csapással bán az ő sisakaját
Gyorsan ketté vágá és megsérté nyakát.
Az másik csapással megnyitá oldalát,
Honnan bőven folni vörös patakot lát.

89.
Fuj lángot tatár, s öszveszedi erejét,
Bánnak kegyetlenül kézzel üti mellyét,
De bán ketté vágja Praecopita fejét,
És habzó vérére kiönti életét.

90.
Holta után élte árnyékban elröpült,
Nagy keserüséggel, mint egy füst, ugy eltünt;
Halála határán ő vadsága megszünt,
S lölke örök éjre sok mással elegyült.

91.
És semmit sem késik ott az ő halálán,
De mást és mást áldoz és nagy halomban hány;
Kis eledel ily tüznek háromszáz pogány,
Ezeket levágja horvátországi bán.

92.
De az vitéz Delimán mihent elesék,
Egész török tábor gyorsan megfélemlék.
Legvitézb emberek rettegni kezdének,
És azután futni, az mint van erejek.

93.
Az futó népekkel öszvekeveredett,
Vágja mindenfelé az futó népeket.
Végre császárhoz is nem messzi érkezett,
Zrini távulrol is megesmérte ütet.

94.
És egy nagy ohajtást az Istenhez bocsát,
Mert tisztességejért keresi az probát,
Osztán sietséggel megy, az hon császárt lát,
Fegyverében viszi szörnyü villámását.

95.
Sok ezer bosztáncsi, szántalan szpahoglán,
Az megijedt császárt veszik körül sáncban;
De mindazonáltal néki megy horvát bán,
Utat csinál karddal iszonyu hatalmán.

96.
Mert nem mér állani senki eleiben,
Senki nem mér nézni vitéz szemeiben;
Százat egymás után ő megöl egy helyben,
Még más százra viszen halált kémélletlen.

97.
Szulimán jó lóra ülni igen siet,
De bán gyorsasága már régen ott termett,
Tizet ottan levág császár segitségét,
Igy császárnak osztán Zrini szólni kezdett:

98.
„Vérszopó szelendek, világnak tolvaja,
Telhetetlenségednek eljütt órája;
Isten büneidet tovább nem bocsátja,
El kell menned, vén eb, örök kárhozatra."

99.
Igy mondván, derekában ketté szakasztá,
Vérét és életét az földre bocsátá;
Átkozódván lelkét császár kiinditá,
Mely testét éltében oly kevélyen tartá.

100.
Ez volt vége az nagy Szulimán császárnak,
Ez az ő nagy hires hatalmasságának,
Az Isten engedte gróf Zrini Miklósnak
Dicséretit ennek hatalmas próbának.

101.
Mikor bán visszanéz, meglátja távulrul
Elmaradt serege török kard miát hull,
Mint pásztor nyájához, ő hamar megfordul,
És igy szól hozzájok nagy hangos torkábul:

102.
„Eddig éltünk vitézek, tisztességéjért
Annak, ki körösztfán holt szabadságunkért:
Ma meghaljunk örömest, és jó hirünkért
Vitézül meghaljunk azért mindezekért.

103.
Ahon nyitva látom Istennek országát,
Ahon jól esmérem nagy Eloim fiát!
Esmérem, esmérem az Isten angyalát,
Rothatatlan ágbul tart nékünk koronát."

104.
De török számtalan körülvék sereget,
Messzirül jancsárság lövik vitézeket,
Nem merik próbálni mert karddal ezeket,
Senki várni nem meri az ő kezeket.

105.
Mind ennyi között is egy jajgatás nincsen,
Mert nagy vigasággal s örömmel hal minden.
Az mely helyen állnak, ugyanazon helyben
Bocsátják lölköket Isten eleiben.

106.
Nem mér az nagy bánhoz közel menni senki,
De jancsár-golyóbis Zrinit földre veti:
Mellyében ez esett, más homlokát üti,
Vitézivel eggyüt az földre fekteti.

107.
Angyali legio ott azonnal leszáll,
Dicsérik az Istent hangos musikával,
Gábriel bán lelkét két tized magával,
Földrül felemeli gyönyörü szárnyával.

108.
És minden angyal visz magával egy lelket,
Isten eleiben igy viszik ezeket.
Egész angyali kar szép musikát kezdett,
És nékem meghagyák, szómnak tegyek véget.

*Vitézek Istene, ime az te szolgád*
*Nem szánta éretted világi romlását;*
*Vére hullásával nagy bötüket formált,*
*Illy subscribálással néked adta magát,*
*Ő vitéz véréért vedd kedvedben fiát!*

Also available from JiaHu Books

Az arany ember MÓR JÓKAI - 9781909669420
Kalevala – 9781909669109
Kalevipoeg - 9781909669116